给孩子讲讲
经济学

Economics

[希] 雅尼斯·瓦鲁法克斯 著
孙涛 译

石油工业出版社

Μιλώντας στην κόρη μου για την οικονομία
by Yanis Varoufakis
ISBN: 978-960-16-5544-4
Copyright S. Patakis S.A. & Yanis Varoufakis Athens 2013
The simplified Chinese translation rights arranged through Rightol Media
（本书中文简体版权经由锐拓传媒取得Email:copyright@rightol.com）

本书经希腊S. Patakis S.A.授权石油工业出版社有限公司翻译出版。版权所有，侵权必究。
北京市版权局著作权合同登记号：01-2017-7714

图书在版编目（CIP）数据

给孩子讲讲经济学 /（希）雅尼斯·瓦鲁法克斯著；孙涛译. —北京：石油工业出版社，2018.11
ISBN 978-7-5183-2830-7

Ⅰ.①给… Ⅱ.①雅… ②孙… Ⅲ.①经济学–青少年读物
Ⅳ.①F0-49

中国版本图书馆CIP数据核字（2018）第199274号

给孩子讲讲经济学
[希] 雅尼斯·瓦鲁法克斯　著　孙　涛　译

出版发行：石油工业出版社
　　　　　（北京市朝阳区安华里二区 1 号楼 100011）
网　　址：www.petropub.com
编　辑　部：（010）64523609　图书营销中心：（010）64523633
经　　销：全国新华书店
印　　刷：北京晨旭印刷厂

2018年11月第1版　2018年11月第1次印刷
710毫米×1000毫米　开本：1/16　印张：13.5
字数：110千字

定　价：46.00元
（如发现印装质量问题，我社图书营销中心负责调换）

这本书是应爱兰娜·帕塔克女士之邀请而作，她请我写一本适用于青少年的经济学读物。

一直以来我都认为，如果你不能用一种青少年都能理解的语言来解释一些重要的经济学问题，那就意味着你自己也没有弄明白这些问题。特别是在这样一个经济危机的时代，经济问题已成为人们普遍关注和讨论的焦点，在社会趋向两极化的背景下，爱兰娜女士的邀请的确颇具吸引力。我反问自己能否写成这样一本书？即使我能写成，那么它真的会对读者有用吗？当然，这里的读者也包括我的伴侣达娜依·斯特拉图，以及她的两个孩子尼古拉斯和艾丝美拉达·莫菲拉图，我想让他们也读一读这本书。在接下来的章节里，我将证明我最终是否能够做到。

我决定接受爱兰娜的邀请还有另外一个缘故。我的女儿常年不在

我身边——她生活在澳大利亚，这导致我们要么分隔两地（数着日子期待重聚），要么短暂团聚后又再次分离。我希望借这本书向她阐释我的一些想法。因此，当我写这本书的时候，想着她读到每字每句后的反应，我就会感觉到我仿佛一直就在她身边。事实上，她是我最严苛的评论者，希望这一点可以有助于我把语言写得更加清晰、简洁、直白。另外，这本书也可以促使她提高自己的希腊文水平（因为本书是绝不会用英文去写的），想到此我就更加欣慰。

关于本书的内容，我不想把注意力集中在最近几年希腊人悲惨的日常生活上——那些自2010年起就一直折磨我们的备忘录[1]，贫穷与屈辱上。相反，我将把重点放在普遍存在的、涉及所有人的重大社会经济问题上，用一种读者喜闻乐见的方式，让他们可以通过不同的视角来看看这些年我们的社会经济是如何崩溃的，以及当权者为何执意拒绝采取措施来挽救希腊社会、欧洲社会乃至全世界。

---

① 希腊债务危机以来，希腊政府与国际债权人达成的一系列援助备忘录。——译者注

Contents 目录

第一章

为什么如此不公平

为什么澳大利亚土著人不去入侵英国

所有的婴儿出生时都一样，都是赤条条来到这个世界的。但很快情况就发生了变化：一些孩子穿着从精品时装店买来的名牌童装，而另外一些孩子却只能裹着破衣烂衫。当他们再长大一点，一些孩子即使看到亲朋好友、教父教母给他们买来的新衣服，依旧板着脸不高兴（因为他们更喜欢别的礼物）；而另外一些孩子却梦想着有一天能穿着没有洞的鞋子去上学。

这就是我们说的世界不公平的一个侧面。你可能听说过这种不公平的现象，但却没有亲眼见过。说实在话，这是因为你就读的学校，那些不幸的孩子们是不会去的。他们当中的绝大多数至今还生活在贫困、甚至充满暴力的环境里。不过，对于这一点我想你是知道的，至

少在理论上你能明白：世界上大多数的孩子跟你和你班上的同学是不一样的。最近你问我："为什么如此不公平？"我的回答甚至连我自己都不能满意。因此，我希望你可以允许我重新尝试来解答一下，这次我将提出一个新的问题。

你生活在澳大利亚，并在那里长大，在悉尼的学校里你参加过许多关于澳大利亚土著人的活动和课程。一定知道他们曾经遭受过非人的迫害，被英国殖民者蹂躏长达二百年的历史，以及他们至今还生活在贫穷之中的丑闻。可是你是否反问过自己：为何英国人能够入侵澳大利亚，通过种族灭绝式的大屠杀，随心所欲地掠夺原住民的土地呢？为何不能反过来？土著的勇士们从多佛登岸，快速进军直捣伦敦，把敢于反抗他们的英国人统统杀光呢？我打赌在你们学校没有老师敢提出这样的问题，甚至连想都不敢想。

但这个问题的确很重要。如果对此我们不能做全面而深入的解答，就会不假思索地误以为欧洲人从根本上来说更加聪明，更加能干。或者反过来，还有一种观点，认为澳大利亚土著人是更为善良的人，因此他们不会成为凶残的殖民者，这种观点同样也不能让人信服。因为验证的唯一方法是看他们能否造出远洋战船，而且还要拥有精良的武器和强大的实力，可以跑到英吉利海岸去打败英国的军队。但是即便如此，他们还要做出选择，不去奴役英国人，也不会去掠夺萨塞克斯郡、萨雷郡、肯特郡的土地。

所以，上面的问题依然是成立的：为什么各个民族之间如此不平等？难道真的是因为一些民族比另外一些聪明吗？抑或由其他的因素来决定，这些因素与人们的出身和基因无关。是否可以据此来解释：为何在你居住的城市的大街上你从未遇到过在泰国旅游时看见的那般贫穷景象呢？

市场与经济是两码事

在你成长的社会里，一直流行着一种错误的观点，即经济就等同于市场。市场到底是什么？市场是人们进行交易的场所。超市里的购物车里堆满了我们所需的各种商品，我们用钱来"交换"这些商品。之后，收钱的人（超市的老板和员工，他们的收入是我们在收银台付的钱）又拿着这些钱去交换其他商品。当然，如果你没有钱，还可以

以物易物，只要对方愿意。你瞧！这就是为什么我跟你说市场是进行交易的地方。而这个地方在今天还可以是数字化的，比如说你让我从iTunes给你购买App，或者从亚马逊网站上买书等。

我跟你说这些，是因为我们人类很早以前在树上生活的时候，在发明农业种植技术之前，我们就已经有市场了。当我们的祖先拿着一根香蕉要换另一个人的苹果的时候，便有了某种形式的交易，只不过此时的市场还很原始，不够成熟罢了。在这里，一个苹果的价格就等于一根香蕉，反之亦然。然而，这不能算是真正意义上的经济。要想建立真正意义上的经济，还需要更多的东西：需要我们开始从事生产，而不仅仅是打猎、捕鱼或摘香蕉。

两次伟大的飞跃：语言和剩余产品

大约八万两千年前，人类实现了第一次伟大的飞跃：学会了用声带发出清晰的语音，不再笨口拙舌地乱喊大叫，而是通过语言来交流。七万年以后（即一万两千年前左右），人类又实现了第二次伟大的飞跃：学会了耕种土地。语言的出现使我们不再叫喊；能够自己**生产**食物让我们不再单单依靠大自然的恩赐（猎物、果实或水果）来填饱肚子。这样就出现了我们所说的经济。

在"发明"种植技术一万两千年以后的今天，我们完全有理由相信这项发明在人类历史中意义非凡：人类第一次成功地学会驯服自然，让它来为自己生产东西，再也不用依靠它的慷慨施舍而过活。可是，那一刻真的让人欢欣鼓舞吗？绝对不是。人们学习耕种土地的唯一原因是他们在忍饥挨饿。人们依靠自己的聪明才智，捕尽了山中的猎物、采完了林中的果实，可依然食不果腹。所以，他们没有别的办法，在饥饿的驱使下，只能被迫开垦土地种植农作物。

和所有的技术革命一样，我们没有选择的余地。有了种植技术，农业经济也随之出现。从此，人类社会的面貌大为改变。农业生产首先带来了从事经济活动的基本要素——**剩余产品**。这是什么呢？农产品在满足了人们食用、留种（替代今年使用过的种子，而这些种子是去年储存的）等基本需求以后，还有一部分盈余，我们称之为剩余产品，可以把这部分产品收集起来以备将来之需。譬如谷物，我们将其储存起来，未雨绸缪，以备不测（比如来年遭受冰雹灾害给收成带来

损失的时候）；也可以留作额外的果实等到来年再继续种植，以此来增加将来的剩余产品。

这里你要注意两个问题。第一，通过狩猎、捕鱼、采集水果是很难获得剩余产品的，因为鱼肉、兔肉，还有香蕉过不了多长时间就会腐烂变质。而谷物、玉米、大米、大麦等农作物则不同，它们更容易保存下来。第二，农业剩余产品的生产还创造了以下社会奇迹：文字、债务、货币、国家、军队、神职人员、官僚体制、技术，甚至还有最初形式的生化战争。接下来我们一个一个地探讨……

文字

考古学家告诉我们人类最初的文字出现于两河流域。这些文字都记录些什么呢？记录了每个农民储存在公共粮仓的谷物数量。这是可以理解的：因为对于每个农民来说，建造属于自己的粮仓储存多余的粮食是很困难的，所以较为容易的解决办法是每个农民都把自己的收成放在公共粮仓里，委托专门的管理人员来看管。但是，这个机构需要给大家提供一个收据，比如上面写着"南布赫先生在粮仓已储存一百公斤粮食"类似这样的收据。最初的文字确实就是这样应运而生的，用以书写账目收据，凭此收据可以证明每个人在公共粮仓里到底存有多少粮食。那些没有发展农业种植的需求，单单依靠猎物和果实解决温饱的社会（譬如上面提到的澳大利亚土著民社会和北美的原住民社会），他们仅仅局限于绘画和音乐创作，却从来没有发明过文字，这一点绝非偶然！

债务和货币

给产品的数量记账，譬如小麦，它属于南布赫先生所有，这样债务和货币也就随之产生了。通过考古发现，我们知道在古代很多工人的工钱是用贝壳来支付的。贝壳上写着数字，这些数字代表的是小麦的公斤数，这些小麦是国王付给在土地上劳动的雇工的薪酬。由于这些数字所对应的小麦还没有兑现，所以这些贝壳可以看作是国王拖欠工人债务的一种形式。同时，它还是一种货币形式，因为工人使用这

些贝壳也可以从别人那里购买其他商品。

不过最有趣的发现还是金属货币的诞生。许多人认为金属货币是为了在进行商品交易时使用才制造出来的。其实并不是这样。至少在两河流域，金属货币在被制造出来以前，就已经被用来记录剩余产品如何分配。有证据表明，古代的某个时候，人们在对存入粮库的谷物进行所有权登记的时候，所依据的就是虚拟的金属货币。虚拟的？对，虚拟的！比方说，他在账本上写道："南布赫先生已收到价值3个金属钱币的谷物。"

有趣的是，这些金属货币在当时可能根本就不存在（只是数百年以后才被"铸造"出来），还有可能就是当时虽然已经有一些了，但是由于太重了不便于流通。因此，剩余产品的交易份额是按照虚拟的货币单位来进行结算的。不过，若要保证这样的交易能够顺利进行，就需要我们现在所说的**信用**，拉丁语对应的是credere（英语称为credit），即"相信"这些虚拟的货币单位具有交换的价值，值得人们付出劳动来把它们再兑换回来。

可是要维持这种信用，就必须有别的东西来作为保障。这种东西使我们想起了今天所谓的**国家**：它是一个公共机构，能够在国王死后继续存在下去，并且人们都相信它能够及时把属于自己的那部分剩余产品返还给自己。

国家、官僚体制和军队

债务、货币、信用和国家，它们之间是相辅相成、密切相关的。没有债务就没有好的办法来管理剩余农产品。随着债务的产生，货币也就随之出现。而货币，要使它具备价值，就必须依靠公共机构——国家的力量，来保证它的公信力。当然，一个国家如果没有剩余产品是不可能存续的，因为它需要各级官僚来管理各种公共事务（譬如裁决民事债务纠纷的法院，保护公民财产所有权的警察，当然还有那些养尊处优的统治者）。所有统治者和各级官僚都是不下地干活的寄生阶级，他们完全依靠社会剩余产品生活。因此，假如没有丰裕的剩余产品，整个官僚体制和国家机器根本无法运转。另外，没有剩余产品，正规的军队也无法存在。而没有正规的军队作后盾，国王的权力以及整个国家的权力根本无法贯彻执行。反过来，这个国家的剩余产

品也会轻而易举地成为外部敌对势力的囊中之物。

神职人员

如果从历史的角度来看，所有脱胎于农业社会的国家，在进行剩余产品分配时都采取了一种极端不公平的方式，这种分配方式有利于社会、政府、军队中的统治者。可是，不管统治者多么强大，在占人口绝大多数的被统治者——农民面前永远都算不了什么。倘若农民成功地联合起来造反，顷刻间就可以推翻剥削他们的政权。

那么统治者如何维护他们的统治呢？如何在不激怒大多数民众的前提下，采取对自己有利的方式来分配剩余产品呢？答案就是：培育一种合法化的意识形态，利用它来说服广大民众，告诉民众统治者的统治是天经地义的，理当如此；统治者都拥有贵族血统，他们的权力受命于上天，所有一切都是神的恩典。

倘若没有这种合法化的主流意识形态，国家、国王的权力将不堪一击。因此，必须有人从旁协助国王，此人作为上天在世间的代理人伫立在国王的身旁，为国王的政权祈福。当然，这样的人只有一个是不够的，这与"发明"农业经济以前的原始部落是不一样的，剩余产品的出现使社会和官僚组织更加趋于复杂化。国家要存续下去，国王死后国家机器也要正常运作下去。同样的，国家政权的意识形态也要一大批神职人员来维系，所以他们"发明"并建立了一套宗教仪式，首先通过蛊惑畏惧死亡的民众使他们自身的地位合法化，然后将国王的权力加以合法化。如果没有剩余产品，就没有理由制造这么一大群纷繁复杂的神职人员；即使制造出来，他们也无法生存下去（因为这些人不生产任何东西）。

技术

在发明农业种植之前，人类已经成功完成了技术的革命，例如金属与火的使用。但是，农业剩余产品的出现对技术革新起到了意想不到的推动作用。这个很容易解释。首先，它解放了那些优秀的"发明家"，因为他们不需要再以打猎来维持生计。由于他们的发明（例如

耕地的农具、军队的武器、国王的首饰等）都有一定市场需求，所以他们经常通过交换获得一部分剩余产品。另外，农业经济本身也创造了过去不曾有过的技术需求（比如犁耙或引水灌溉的渠道系统）。

生化战争

剩余产品也带来了致命的细菌。当公共粮仓里堆满了数以吨计的小麦的时候，当它的周围挤满了涌入农村和城市的大批人群的时候，当人们还在这里喂养牲畜以取所需（譬如获取奶制品）的时候，这个过度集中的生物群落就成了一个巨大的生化实验室。在这个实验室里，细菌快速滋生、成倍增长、不断变异，最终变成了怪物（与当时人们在郊外见过的细菌相比）。

一些新型的、痛苦的、致命的疾病也随之出现，致使人们大量死亡。但是不久，农业经济社会开始逐渐适应了这些疾病，甚至对霍乱病菌、斑疹伤寒病毒、流感病毒也都有了免疫力。这些居民身上携带着数以亿计的致命微生物，可是自己却不会受到伤害。于是，当他们侵入那些还没有发展农业生产的原始人部落的时候，根本不需要举起宝剑就能轻而易举地征服那些原始人。他们仅仅需要一个简单的握手就能消灭掉大部分人。

事实上，不管是澳大利亚的土著人，还是美洲的土著人，他们更多的还是死于欧洲侵略者携带的病菌感染，而不是侵略者的大炮、子弹和刀剑。甚至有些时候，欧洲侵略者明明知道它的危害却仍然参与这样的生化战争。这里有一个例子可以证明：美洲有一个印第安部落惨遭灭族，原因就是来自欧洲的殖民者代表团故意把沾满斑疹伤寒病毒的毛毯赠送给了这个部落。

为什么英国人侵略
澳大利亚土著人，却不是相反？

现在该回到刚开始提出的那个棘手的问题了：为什么英国人侵略澳大利亚而不是澳大利亚土著人侵略英国呢？难道皆是因为所有的帝国主义超级大国都出现在欧亚大陆的缘故吗（当然如今超级大国是

美国，不过从源头上讲美国人是欧洲人移民过去的）？怎么就没有一个超级大国出现在非洲或是澳大利亚呢？难道真的是遗传基因的问题吗？当然不是！问题的答案就在我上面给你讲的内容里。

我们发现剩余产品乃一切之肇始。没有农业剩余产品，就没有驱动力创造军队、专制国家、文字、技术、炸药、远洋战船等这一切。

由农业经济发展而来的生化武器足以毁灭非农业社会的成员，譬如澳大利亚的土著人。

像澳大利亚这样的国家，食物从不匮乏（因为三四百万的人口，只要与大自然完美"合作"，就可以完全获取一个面积相当于欧洲的大陆上的所有动植物资源），因此土著人根本没有任何理由去发展农业技术，积累剩余产品。

今天，我们知道（这些也许你已经了解很多了）土著人不仅有诗歌、音乐，还有蕴藏着巨大文化价值的神话。但是，他们却没有发明武器去攻击其他民族，或是拿来保卫自己。相反，英国人，作为欧亚大陆诸多民族的一部分，由于情势所迫不得不生产剩余产品并不断发展由此而产生的一切：从远洋战船到生化武器。所以，当英国人的战船在澳大利亚靠岸之后，土著人根本没有任何生存下去的希望。

非洲呢？

"那非洲人呢？"你自然会问我。"为什么在非洲从来就没有出现过一个足够强大的国家能够与欧洲相抗衡呢？为什么奴隶贸易是单向的？难道黑人从根本上来说真的不如欧洲人有能力吗？"

这样的问题是不成立的。你看一看世界地图，比较一下非洲和欧洲的地理形状。首先你会发现非洲这片大陆的形状是狭长的。它始于地中海，向南跨越赤道，并继续延伸覆盖了南半球的广大温带地区。换言之，非洲这片土地分布着许多不同的气候带：从撒哈拉沙漠到撒哈拉以南的亚热带地区，从纯热带气候到南非的温带气候。你现在再来看看亚欧大陆。与自北向南延伸的非洲相反，亚欧大陆西临大西洋，向东一直延伸至太平洋：从形状上来看是"短粗的"（如果你允许我使用这个词的话）。

这意味着什么？意味着穿越亚欧大陆，从太平洋到大西洋，所要面对的气候变化相对较少。而非洲却恰恰相反，从约翰内斯堡到埃及

你要穿越各种各样的气候带。这一点为什么重要呢？简单来说，这就是那些发展农业经济的非洲国家（比如今天的津巴布韦）不可能扩张到欧洲的原因。因为他们种植的农作物，不管在北部的赤道地区还是在更糟的撒哈拉沙漠地区，根本无法扎根生长。相反，亚欧大陆的诸民族在发明了农业生产之后，随意地向西或是向东扩张。这对他们来说易如反掌：他们可以侵略其他国家，把战败国的剩余产品和文明成果据为己有，模仿别人的技术，建立统一的帝国。而在非洲，由于地理的因素，这样的事是不可能做到的。

为什么如此不公平呢？

从全球资源分配的层面来讲，非洲、澳洲和美洲之所以被欧洲人奴役，完全可以通过上面所阐述的内容来加以解释，即客观的地理环境决定了澳洲和美洲的土著人，以及非洲大部分人现今的生存状况。正如你所看到的，这与白种人、黑种人、黄种人或是棕种人的遗传基因毫无关系。问题的关键仅仅在于农业剩余产品的积累以及农业种植地理扩张的相对难易程度。这样就构成了两个相互支撑、相互促进的要素：剩余产品的积累；具有扩张性质的大国的产生（过去我们称之为帝国主义国家）。

当然，造成不公平的现象还有其他层面的原因，这个原因潜藏在发达国家内部。我在上面讲国家和神职人员产生的时候说过：剩余产品的积累需要权力，并导致权力以及财富过度集中到少数人手里。不平等的政治权力，造成了社会的不公平。而这种不公平还可以自我维持，并有愈演愈烈的趋势。

实际上，拥有大量的剩余产品就可以获取经济和政治上的（甚至还有文化上的）权力。利用这些权力，又可以在将来获取更大份额的剩余产品。简单来说，假如你有几百万欧元，那么你挣一百万欧元是易如反掌的。可是，假如你一无所有，那么挣一千欧元都是遥不可及的梦想。

因此，不公平扩大的趋势体现在以下两个层面：第一个是世界层面的，在这个层面上可以解释为何一些国家进入20世纪、21世纪后变得越来越贫穷，而另外一些国家经常依靠掠夺穷国的资源和财富而变得越来越强大。第二个层面在于每个国家的内部。我们经常会发现：

在那些十分贫穷的国家里，有一小部分人甚至比富国的很多富人还要富有。

在本章中我讲述的这段历史，把生产农业剩余产品所带来的社会不公平的根源归结于人类第一次技术革命，即农业的发展。在后面的章节中，我会继续讲述这段历史，来证明之后的几次工业革命（例如蒸汽机革命和计算机革命）将会进一步加剧不公平现象。这几次工业革命对于今天你所处的这个社会的塑造作用非同小可。不过，在讲这个之前我得提醒你一下：千万不要受到迷惑，把今天像你这样的小孩子都无法接受的不公平现象认为是合情合理的。

不公平：自我维系的一种意识形态

当我在讲神职人员及其作用的时候，我说过在所有人眼里——不管是有产者还是无产者——将剩余产品的不平等分配视为合法，这样的意识一直在社会中发挥着重要作用，并且行之有效。因为它创造了一套如神话一般的信仰体系，这既有助于促进剩余产品的再生产，也有利于维护这个不公平的产品分配方式。

如果你思考一下，就会发觉没有什么东西比相信有产者理所应当占有一切来得更容易。从小时候开始，你就不断地说服自己（像所有的孩子一样）：你的玩具、你的衣服、你的房子都是理所当然地归你所有。我们的头脑也会自然而然地以为："我有××"="××理所当然属于我"。就是在这样的思维定式之上建立起了一套意识形态，以此来说服广大统治者和有产者（通常他们是一类人）：他们占有更多的财富，而"别人"占有更少的，这是"正确的""应当的""必要的"。

莫要责备他们。不可思议的是，我们有时候也会轻易地说服自己，特别是在对我们有利的情况下，相信这种理应受到批判的分配方式是"合理的""自然的""正当的"。当你感到你就要屈从于这样的想法之时，你要记着我在本章开始时跟你讲的话：虽然所有的婴儿出生时都是一样赤条条的，但是一些孩子注定要穿着昂贵的小衣服，而另外一些则注定要忍受饥饿、剥削和贫穷。在你的心中，你一定要摒弃这个所谓"合理的""自然的""正当的"现实。

第二章

价格与价值

两种价值

　　埃吉那岛夏日的一个黄昏，你坐在我们家的阳台上欣赏着红日渐渐沉入海中。如果在这个时候我突然过来，跟你扯一些无聊的事情，你一定会很生气，责怪我破坏了这个美好的时刻。

　　当天晚上，我们和朋友在马拉松共进晚餐。你的朋友帕里斯兴致高昂，给我们讲了好多笑话，逗得我们哈哈大笑。连一向严肃的你也忍俊不禁。

　　忽然，科斯达船长走过来找你帮忙，他要把渔船停靠在饭馆的旁边。可是他的锚嵌进海底拔不出来了，锁链也由于拉扯得太过频繁断掉了。于是，他请求你说："我知道你非常喜欢潜水，我想请你潜到海里将这根绳子穿进锚链里，不知你是否方便？这活儿我本来可以

自己去干，可是今天我的风湿病犯了，我快疼死了。"你想抓住这个表现的机会，成为"当时的女英雄"，所以爽快地答应了他的请求。"好的，我马上去。"然后洋洋得意地一头潜进了海里。

落日美景、帕里斯的笑话、帮助科斯达船长，这三件事让你觉得心里美滋滋的。这是三件"产品"，而不是三件"商品"。产品和商品之间到底有什么区别呢？商品首先是产品（比如你的iPad），可是产品却不一定是商品。商品是为了买卖而生产的物品。埃吉那岛的落日、帕里斯的笑话，还有你潜水帮助科斯达船长，这些都不是用来买卖的。

我不知道你是否留意过，在我们今天生活的社会里，有一种混淆产品与商品的趋势，认为一种产品的价格越高，人们就越愿意去供应，其实并不是如此。对于商品而言，这个是成立的：在买iPad的时候我们愿意支付的价钱越高，苹果公司就愿意生产越多的iPad。可是对于帕里斯的笑话，情况就不一定是这样了。

假如你向帕里斯提议让他给我们再讲些别的笑话，我们可以付给他钱，也许他会觉得特别奇怪。你不妨想象一下：即便他同意了，他的幽默感也会因为付钱而大打折扣。或者拿你帮助科斯达船长这件事为例：假如他付给你钱让你去潜水，你可能很难享受到潜水所带给你的愉悦，因为这会让你觉得失去了某些价值，譬如自豪感、刺激感和助人为乐的成就感等。

如果帕里斯长大以后想成为职业喜剧演员，或是你决定以后做职业潜水员，那么他的笑话和你的潜水服务将会成为商品。你们可以出售这些商品来换取一定的报酬，而这笔报酬就是这些商品的**市场价格**。一种商品的价格所反映的是该物品在用来出售时的**交换价值**。换句话说，它是在你提供给顾客笑话或潜水服务以后，所获取的其他产品的价值。

另外，一次潜水、一轮落日、一则笑话，它们的**情感价值**是完全不同的东西。这三者可能都具有巨大的情感价值，但却没有任何交换价值（比如落日美景不是用来买卖的）。反之亦然：当你在讲笑话时你可能一点也感觉不到享受（特别是在舞台上），可是你却通过讲笑话赚了很多钱。

情感价值和交换价值，这两种价值之间的差异也不能太大。不过在今天的社会里很多情况下，所有的价值似乎都是以交换价值来衡量的。凡是没有价格的，凡是卖出去不能赚钱的，往往都会被认为是没

有价值的东西，反之亦然。此外，人们还错误地认为提高一种产品的价格，即提高交换价值，就一定可以促使产品所有者或生产者增加这种产品的社会供给量。这个观点常常被认为是不证自明的。正如我之前告诉你的，这个观点对于iPad来说是成立的，而对于其他所有产品却不一定成立。

血液市场

目前在许多国家，血液都是由献血者无偿捐献，免费提供给病患的。这些献血志愿者之所以这样做，是因为他们觉得自己有义务去救助生命垂危的同胞。而另外一些国家，献血是有偿的，献血者可以通过献血获得报酬。你觉得哪里的血液供应量会更大一些呢？是那些献血者可以获得高额报酬的国家，还是那些没有报酬的国家呢？

我想这个问题只要一提出来，你立即就能猜中答案：确实，实行有偿献血的国家库存的血液总量比那些自愿、无偿献血的国家库存的血液总量要小得多。看起来似乎有偿献血并没有吸引更多的人去献血，反而妨碍了那些自愿、无偿献血者献血的积极性（因为他们的行为本来就不是以满足个人利益为目的的）。

凡是混淆产品和商品这两个概念的人，他们都难以理解：为何给献血者提供报酬，血液的供应量反而会减少？他们甚为疑惑：怎么可能会有这样的献血者，如果你给他们金钱作为交易的报酬，他们就决定不去献血了？遇到如此疑问的人，皆因他们都没有弄明白"当交换价值被高估的时候，情感价值往往被低估"这个道理。

这个道理其实不难理解，它又让我想起科斯达船长请求你帮他这件事来。如果他仅仅是请你夜晚下潜到海里帮他系锚的话，那么助人为乐的喜悦感和英雄主义的成就感完全可以让你战胜对黑暗大海的恐惧，不厌其烦地脱去衣服，钻进海水里去帮助他。可是，倘若他告诉你给你五欧元让你下水帮他，你很有可能就不去干了。你会下意识地感到特别惊讶，因为你的付出在他那里仅仅价值五欧元。也许这区区五欧元根本不足以弥补你付出的"辛勤劳动"，可是却足以抵消你不计报酬、帮助柯斯达船长所获得的那份喜悦感。

同样，这个道理也适用于献血的例子。很多献血者都乐于奉献，不计报酬。可是，在献血的时候如果你给他们一些金钱作为报酬，那

么此时奉献就会转变成为交易，反而会使那些无私奉献之人感到伤心（因为有人会认为他们献血是为了金钱），况且任何报酬也不足以弥补他们所花费的时间，还有手臂上的针扎之痛。

让我来稍做一下分析。在帮助科斯达船长和献血这两个事例中，我们发现当产品的交换价值从零上升到正值时，它的情感价值却会直线下降。导致的结果是人们本来乐意免费提供的东西，现在却不愿意有偿提供了。

奥斯卡·王尔德把犬儒主义者定义为对各种东西的价钱都一清二楚，但是对它们的价值却一无所知的人。社会越来越倾向于把我们所有人都变成犬儒主义者。不过，最大的犬儒主义者当属经济学家，他们认为交换价值才是唯一的价值，并且贬低情感价值，使之在这个一切均以市场标准来衡量的社会里变得一文不值。但是，又一个问题出现了：交换价值是如何战胜情感价值的呢？

家政管理

你想象一下这样的场景：复活节，我们整日大吃大喝。大人们为了准备食物、布置房子都已经忙活两天了。晚上，我想请你帮我收拾一下房子。可是你却不耐烦地问我："爸爸，只要你不让我干这些家务活，我可以砸破存钱罐，把里面的钱都拿给你。你要多少钱呢？"你试想一下我当时会有什么反应呢？坦白地说，此时你出多少钱也平息不了我心中的怒气。

在家庭里、朋友圈里，你帮我做事，我也帮你做事。这其实也是一种形式的交换，但不是商品交易。我们在"家"这个范围之内交换劳动，这种交换更像是彼此之间交换礼物、互相扶持，而不像在市场中那样，根据各自的交换价值，没有人情味儿地交易商品和服务。

过去，大部分产品的生产都是在商品交易这个圈子以外进行的。这样的生产方式更像是管理一个家庭。由此，我们可以称它为家政管理。一个从事农业的家庭可以自己独立地生产面包、奶酪、甜品、肉食、衣服等。如果遇到好的年景，他们的收成很好并且还有富余，就

31

可以把富余出来的产品（比如他们不需要的西红柿、小麦等）拿出去与别人的产品（如镰刀、杏等，他们不生产的产品）做交换。在经济不景气的时候，他们勒紧裤腰带忍饥挨饿。此时，商品交易也被迫中断（因为已经没有剩余产品可以拿来与其他产品进行交换了）。

最近二三百年，人类社会进入了一个完全不同的发展阶段。越来越多的产品转变成了商品；而另外一方面，那些为满足自身消费需求而生产的产品却越来越少。如果你看一下厨房的柜橱，就会发现一大堆这样的产品。生产这些产品完全是为了它们的交换价值，如果换作是一个家庭，根本不会去生产这些玩意儿。

这种商业化趋势，即交换价值不断战胜情感价值的过程，绝不仅限于我们的厨房。过去，农民自己生产原料（如饲料、燃料、种子）；今天，他们大部分的原料都是从跨国公司购买的。这些跨国公司拥有雄厚的技术实力，能够生产出促进奶牛快速育肥的饲料，驱动新式拖拉机的经济型燃料，以及经过生物转基因技术改良过的种子，这样培育出的农作物抗冻、耐热，而且对同一个公司生产出的化学杀虫剂也具有更强的抗药性。与此同时，这些公司还要大力保护自己从研发高效原材料中所获取的利益。他们怎么做呢？通过法律途径来捍卫种子基因的所有权。由此可见，市场已经扩展到微观世界，就连基因也获得了交换价值。

商业化就这样一点一滴地渗入世界的每一个地方：随着各个公司之间相互买卖新型小麦甚至是新型绵羊的化学配方，商业化已经悄然无声地"进军"微观世界；它还能进入女人的子宫，因为随着商业化，子宫也获得了交换价值：那些无法生育的夫妇可以通过正式、合法的"租借"，把从试管中培育出来的胚胎移植到别人的子宫中来代孕。不久，我们还将买卖太空中的小行星，把"市场帝国"和交换价值的统治权，从微观世界扩张到未知世界去。

你看到了吧：经济与家政管理其实扯不上任何关系[①]。或许，比较正确的术语应该为"市场管理"[②]（只不过会使我们想起"市场监管局"这个词，它的意思完全不同，是国家负责产品质量检查的相关机构）。

[①] 希腊语中"经济"这个词"οικονομία"，古代的意思与今天不同，指的是"家政管理"。——译者注

[②] 作者根据"οικονομία"这个单词的构词法，创造了一个新词"αγορο-νομία"，意思是"市场管理"。而这个新词，又与"αγορανομία"长得十分相像，意思却完全不同，后者指的是"市场监管局"。——译者注

一个不由市场逻辑支配的世界

你知道，在荷马史诗里特洛伊战争的英雄们整日不辞辛劳、你争我夺，哪怕最后牺牲自己的生命，也要获取诸如荣誉、战利品、名望，以及阿伽门农的好感等东西。荷马向我们讲述了阿喀琉斯被激怒，是由于阿伽门农夺走了他用宝剑赢得的战利品。为此，阿喀琉斯很长时间都不再参加攻打特洛伊的战斗。虽然阿伽门农心里十分清楚他此时迫切需要阿喀琉斯的帮助，可是他从未想过向阿喀琉斯提出一个妥协的办法：比如给他一笔钱，作为"随意"侵占他人战利品的补偿。即使他提出了这个办法，无疑也只会让阿喀琉斯觉得自己受到了更大的侮辱。

不仅仅只有古希腊的诗人认为真正有价值的东西是不可用来交易的。奥维德（罗马诗人，他努力想成为荷马的后继者）讲述了阿贾克斯与奥德修斯为争夺阿喀琉斯死时留下的武器而发生的冲突。这武器精美绝伦，是阿喀琉斯的母亲请求工匠之神赫菲斯托斯为他的儿子亲手打造的。根据奥维德的叙述，希腊众位将军在判定谁才有资格获得大英雄的武器之前，决定先听一听两个人的辩论。结果，特洛伊木马的建造者——足智多谋的奥德修斯的论据更胜一筹，战胜了无畏的勇士——阿贾克斯。你是否注意到，这里没有任何一个人想到采用今天人们的办法呢？搞一个拍卖会，谁出的价高，就可以大摇大摆地把阿喀琉斯的武器拿走。

为什么他们就没有动过拍卖的念头呢？因为不管是阿贾克斯，还是奥德修斯，又或是希腊众位将军中的某一个人，他们所看重的既不是武器本身的交换价值（以后可以再高价卖出），也不是它的使用价值（以后在战斗中继续使用）！对于想得到这件武器的人来说，它的巨大价值是象征性的，纯粹情感层面的价值。

其实，在古代只有极少一部分产品流入市场进行买卖。当然，这并非意味着在古代、中世纪或者在欧洲人的殖民地不存在商品、市场和交换价值，当然是存在的。古代的腓尼基人、希腊人、埃及人、中国人、美拉尼西亚人等，他们行数万公里，足迹踏遍各地，把各种各样的货物从世界的一端贩运到另外一端，利用货物不对等的交换价值到处牟利。所有的社会，从一开始都发展过市场。

当一个人对另外一个人说"如果你给我一个苹果，我就给你一个橙子"的那一刻起，这一切便开始了。不过，这还不能算作是**市场**

社会。或者换句话来讲，这些社会的性质还不是以市场逻辑来支配的（如同我们今天的社会）。他们只不过是**有市场的社会**。为了让你搞清楚"市场社会"和"有市场的社会"之间的区别，我们还要提出两个问题。第一个问题：如何解释西班牙商人在拉丁美洲的胜利，还有英国商人和荷兰商人一个世纪以后在远东的胜利？第二个问题：如何解释自20世纪70年代以来，日本汽车制造业在美国的成功？

第一个问题解答起来很容易。只要我们考虑到西班牙海军的坚船利炮和征服者的军事优势，就知道他们打败美洲大陆的玛雅人易如反掌。这个道理也同样适用于英国人还有丹麦人，他们在远东的胜利与其印度洋和太平洋舰队的功劳密不可分。但是，第二个问题就不能依据军事或者舰队的实力来解释了，只能完全从经济学的角度，从日本的工业结构和如何在不增加支出的基础上增加产量、汽车的质量及其技术特点等方面来加以解释。

简单地讲，19世纪以前，欧洲商人在远东和美洲的胜利不需要通过经济学的分析就能解释清楚。原因很简单，因为当时还尚未出现由市场逻辑支配的经济（或叫作**市场社会**），只不过是**有市场的社会**而已。我费尽心力地"给你讲讲经济学"，想让你明白一个道理：我们今天的社会已经是一个市场社会了，因此，理解它的唯一途径是按照经济学的方法，而这种方法却不适用于三百年以前的人类社会。

现在的问题是：市场社会是如何从有市场的社会中诞生出来的呢？它为什么会出现呢？

市场社会的诞生

一个产品的生产过程需要三个基本组成部分：人类劳动、工人使用的工具或机器、土地或从事生产的场所（如一间办公室或一座矿山）。简言之，生产活动需要三个要素：劳动、生产工具（一般指的是广义上的资本）和土地。

在古代社会这些"生产要素"都不是商品。它们属于产品而不属于商品。在封建社会佃农们在土地上辛勤劳作，可是他们并没有把自己的劳动出卖（也没有租借）给地主。地主只是从佃农那里强行占有了大部分劳动成果。至于生产工具，要么由佃农自己来制造，要么由在同一个封地上劳动的工匠来制造。而这些工匠都由佃农们来供养，

作为交换从他们那里获取生产工具（这有点像家庭聚餐时的情景，人们都在为聚餐做贡献）。最后，土地也不是商品：你要么生来就是地主（因此你从来就没有想过要把先祖留给自己的土地卖掉），要么生来就是佃农（你注定了永远不会拥有属于自己的土地）。

当这三个生产要素商品化以后，市场社会也就诞生了！在商品化过程中，生产要素获得了交换价值，开始在广阔的市场上进行买卖：工人们到"劳动力市场"上找工作；工匠们拿着自己制造的工具到发达的生产资料市场上进行交易；最后，土地也获得了交换价值，可以随意买卖、租赁。

那么，这三个生产要素是如何转化成商品的呢？究竟是什么导致了工业革命的爆发？这场革命开始于18世纪中叶的英国和荷兰，它深刻地改变了整个世界，并把世界变成了一个巨大的、全球化的市场社会。

你知道的，这个故事讲起来可就话长了。如果我尝试着给你细细道来，恐怕你会厌烦的。但是大致上来说，这个事情开始于欧洲造船业的发展、指南针的使用（由中国人首先发明）和航海技术的大力改进。所有这些因素促使欧洲的船东们不断开辟新航线，并刺激了世界贸易的蓬勃发展。

西班牙、荷兰、英国、葡萄牙的商人把羊毛装载到货船上，从英格兰和苏格兰出发一直航行到中国，在上海他们把羊毛换成了中国的丝绸。返程之前，他们绕道日本横滨，在那里转手把丝绸换成日本的宝剑。然后，一路向西，在印度孟加拉湾停船靠岸，把宝剑换成香料，最终把香料带回欧洲。回到欧洲之后，他们用带回来的香料换取比出发前**多出好多倍**的羊毛。就这样，周而复始。

于是，像羊毛、香料、丝绸、铁剑这类产品就变成了具有国际价值的商品。对于生产者来讲，这些产品的价值与其交换价值紧密相连、不可分割。不管哪一个商人或生产者，只要在新的市场上拥有了这些产品，那么他就能发财致富。曾几何时，英格兰和苏格兰的地主们透过自己城堡的窗子向外眺望，看到一群一群在田地里辛勤劳作的农民，心里就在盘算着自己应该牢牢抓住新的商机在尚未成熟的国际贸易市场上进一步攫取财富。"我们让这么多农民种洋葱和甜菜根做什么呢？"他们疑惑地问自己。"甜菜根在国际市场上能值几个钱？一文不值。"

既然羊毛更值钱、利润更丰厚，所以他们就决定把闲散的农民从

土地上赶走，用更温顺、更赚钱的羊群来取而代之。这或许是个很好的主意，于是他们便如此照做了。之后短短几十年的时间里，英国乡村的面貌发生了翻天覆地的变化。多少个世纪里，农民们世世代代生活在同一片土地上，跟随着同一个主人，保留着父辈们的生活习惯，从事着和父辈们一样的工作，突然间这一切全部改变了。从此，乡村宁静安逸、一成不变的生活不复存在了。

自从封建地主们把农民简单粗暴地扔到路边，用绵羊取而代之的那一刻起，英国就开启了从有市场的社会向市场社会的转变过程。为什么呢？首先，把农民驱逐出去，劳动和土地就转变成了商品！如何转变呢？假如你和我突然被人扔在英国乡村一条泥泞的小路上，我们该怎么办呢？也许我们会走到最近的一个村庄，然后敲开第一户人家的大门，对他们说："只要能给我们一片面包，并提供住宿，你让我们干什么我们都答应。"瞧，这就是第一次出卖**雇佣劳动**。

当时情况的确如此。成千上万的农民在破败不堪的道路上颠沛流离，他们唯一可以支配和出卖的商品就是自己的劳动力。与从来不用出卖自己劳动（因为他们可以获得土地和劳动工具）的父辈和祖辈们相反，他们被迫成了劳动的出卖者——靠出卖自己的劳动力为生。

可是他们的悲剧还不止如此：在市场社会尚未完全形成的几十年里，这个新的劳动力市场总是供应远远大于需求，致使在工厂还未建立之前，没有足够的购买者能够完全吸纳如此庞大的农民失业大军。所以最后导致的结果是：饥荒、疾病和灾难。

现在我们来分析下一个因素——土地的情况。把农民驱逐出去怎么就**首次**形成了成熟的土地买卖市场呢？道理很简单：当农民被绵羊取代之后，地主们意识到他们的土地也具有交换价值（不仅仅具有使用价值或情感价值）；而国际贸易对其交换价值起着决定性作用，这种作用虽是间接的，但显而易见：因为每公顷的土地代表着相应的可供养的绵羊数量，所以在国际市场上羊毛的交换价值愈高，每公顷土地的价值也就愈高。同样的，一块土地上草坪覆盖得越茂密，那么喂养的绵羊就越多，因此，生产的羊毛也就越多。

瞧，羊毛的交换价值就是这样来决定土地的交换价值的！一个地主拥有几块闲置的土地，他灵机一动、突发奇想：不如把土地租赁给原先的几个农民吧（可以从他们那里收取租金）！而原先的农民现在成了"商人"，他们被迫把羊毛销售到市场上去，然后拿着所得的收入去交租金。

你发现了吧，在祖辈们耕作的土地转化成商品的同时，农民自己也变成了"商人"。在农民被驱逐之前，这还是一个封建主义的制度：农民们依附于土地，而土地属于地主所有。农民耕种土地，而地主占有其劳动产品。在这个生产过程中，市场根本没有出现。农民生产出的产品、土地本身，还有他们付出的劳动，仅仅具有情感价值。相较于农奴而言，封建地主与佃农之间的产品分配关系更多地取决于地主的慈悲心或是实力。

农民被驱逐出土地以后，一切都发生了变化。绝大多数人都被迫进入某一个市场去谋生：其中很大一部分农民进入劳动力市场，以出卖自己的劳动为生。还有一部分农民继续留在封建地主的土地上，但却是在另外一套完全不同的制度下从事生产劳动：作为承租人，土地的租金完全由羊毛的价格来决定。过去，他们的父母亲生活得提心吊胆，生怕地主不给他们留下足够的粮食，致使他们大冬天忍饥挨饿；而现在，他们所忧虑之事则与以往不同："我们能否把羊毛卖出去呢？能否赚到足够的钱给老板交租金，并且购买玉米来养活自己的孩子呢？"换言之，他们提心吊胆的是自己劳动的交换价值（即他们的工资），抑或是他们作为佃户所生产的羊毛的交换价值。

历史上的灰色工厂

如上所述，英国从有市场的社会发展成了市场社会。整个转变于18世纪下半叶最终完成。不过，此时在历史舞台中增添了一座冷酷无情的灰色建筑——工厂，耸立着高高的烟囱，并不断地向外冒着黑烟。在工厂里苏格兰人詹姆斯·瓦特发明的蒸汽机夜以继日地运转着。

你会问我：为什么是在英国？为什么类似的工业革命不爆发在法国或中国？主要原因有两个：第一，英国的土地集中在少数几个地主手里。第二，这些地主手中没有掌握什么重要的军事力量。相反，其他欧洲国家、中国的封建主却掌管着较大规模的私人军队。英国的封建主由于缺少军事权力，所以就想方设法不断增加自身财富，而不是依赖于粗暴的武力。

远洋探险家开辟的新航路促进了世界贸易的蓬勃发展。英国的封建主们首先抓住了这一重要的机遇，**通过大量生产那些国际市场上的紧俏商品**而发家致富。另外，土地集中在少数地主手里，这就意味着

大规模地驱逐农民（它是第一个市场社会形成的直接诱因）需要得到数量相对较少的地主的一致同意。

你想一想，当时在英国这口"大锅"里，一边是成千上万失去土地的无业游民生活于水深火热之中，而另一边则是成倍增长的热钱源源不断流入伦敦的银行。这些钱都是通过国际贸易和海外殖民（尤其是加勒比海地区，那里有来自非洲的奴隶为英国征服者耕种土地）赚来的。现在我们把瓦特先生发明的蒸汽机也放入这口"大锅"里，然后搅拌一下，你猜猜会出现什么呢？对了，工厂！那些被驱逐的农民的后裔在那里找到了工作，成了产业工人（历史上第一次出现），在新发明的蒸汽机旁汗流浃背地工作着。

这是谁的主意？是谁想出来要建立工厂的？商人们或是那些贵族出身的人。他们发现在国际市场上有一些商品特别受人青睐，如羊毛制品、布料、金属等；心想假如能够快速、廉价地生产这些商品，那么自己就会变得更加富有；此时，他们又看到那些失业的农民在大街上讨要面包、工作或是随便其他什么东西；还突然听说瓦特先生发明了一种机器可以带动上千台织布机同时运转。至此，再也不需要其他东西了，建立第一批工厂只是时间问题。

巨大的矛盾

交换价值战胜情感价值取得的辉煌胜利改变了整个世界。在这些变化中，既有好的方面，也有坏的方面，两者是同时存在的！

产品、土地、劳动的商品化，一方面结束了农奴制、迷信偏见、神权统治和愚昧思想。同时，它也催生出了自由的理念、废除奴隶制的愿望和充分满足人们物质需求的生产技术。

另一方面，它也带来了前所未有的灾难，产生了新形式的绝对贫穷，还有隐性的新式奴隶制。进入市场社会以后，由于完全失去了赖以为生的耕地，一无所有的农民有的被迫沦为产业工人，有的继续留在土地上但必须向地主交租金。在以上两种情况下，农民都是自由的生产者，因为没有人强迫（像在封建社会那样）他们劳动。从某种意义上来讲，他们的确是自由的！只要有"顾客"来购买他们的劳动，他们就可以自由地选择自己想从事的工作，而且完全"摆脱"了生产资料的束缚（成为名副其实的流落于街头的无产者）。他们还可以自由地选择自己想去的地方，不过同时要忍受失业所造成的绝对贫穷。

他们出卖自己的体力和脑力，成为劳动力市场上角逐的"猎物"，任凭国际市场上的商品供求关系来支配。

工人每天工作的时间达十四个小时以上，劳动的场所有的在曼彻斯特的工厂里，有的在威尔士的矿井里，那里环境极其恶劣、令人窒息。那个时期的报纸曾经报道过：当时在英格兰和苏格兰，一些十岁的儿童被人用铁链子拴在蒸汽机旁夜以继日地劳动。此外，还有在康沃尔的矿井下干活的孕妇，常常被迫把孩子生在矿道里，而且分娩时根本无人照料。同一时期，在英属殖民地（如牙买加）以及美国的南部，生产活动仍然依靠奴隶的双手来完成，而这些奴隶都是欧洲从事奴隶贸易的商贩们为了获取其交换价值从非洲贩卖到这里来的。

类似的事情在人类历史上从未发生过。也许人类从很早以前就开始"全球化"了（正如你所知道的，我们都是从非洲来的）。但是，从未像工业革命所造成的社会矛盾如此巨大：一边是数不尽的财富，而另一边则是道不完的苦难。工业革命和价格战胜价值所带来的、新的、前所未有的社会不公平也远远超越了以前农业革命所带给人们的（在上一章里给你讲过）。

第三章

债务、利润、财富

债务

"我在哪里,哪里便是地狱。"克里斯托弗·马洛著名的戏剧作品《浮士德博士的悲剧》中的麦菲斯特如是说。地狱如同乌云一样包围着麦菲斯特,无论他走到哪里便把它带到哪里。"不管我在哪里,我都身处地狱之中。"他向浮士德解释道。而浮士德一看到麦菲斯特,顿时心生疑虑,生怕自己也被带入地狱。

浮士德把自己的灵魂出卖给魔鬼麦菲斯特的故事,只是你未曾读过的故事之一。这个故事对于大人尚且晦涩难懂,所以它不适合你这个年龄段的孩子来读。里面还有些惊悚恐怖的内容,可我没有因此就把它藏起来不准你去读。要知道,格林兄弟的童话故事与它相比更为可怕。它不适合孩子阅读的真正原因实际上是因为它涉及一个概

念——**债务**，这个概念是小孩子们很难准确把握的。

马洛向我们讲述了这样一个故事：麦菲斯特带着一个诱人的提议来接近浮士德博士。他向浮士德许诺可以在此后二十年满足其所有的享受，但是条件是浮士德要在二十年之后把自己的灵魂出卖给他。

浮士德考虑了一下，觉得二十年的幸福足矣，之后可以把灵魂交给麦菲斯特随意处置，于是他便答应了这个提议。麦菲斯特笑了笑，让他就此签订一个协议。为了使协议具备更大的象征性效力，浮士德还用自己的血来代替墨汁，在协议书上签了名。

如果你冷静地进行一番观察和分析，就会发现这个协议其实是一个借贷合同，它确立了浮士德应向麦菲斯特承担的债务："我从你这里获取二十年的幸福生活，并向你承诺当借贷完成以后，你就可以获取我的灵魂。"

人们一直以来都在不断地创造着债务。当一个邻居在困难之时施以援手帮助另外一个邻居的时候，这个邻居向他表示感谢，并对他说："我欠你的人情了。"这两个人不需要签署什么协议，但是彼此之间心照不宣：将来有一天如果施援者有什么需要，那么受助者也会以同样的善行来回报他，以此来"偿还"自己欠下的人情债。这种相互帮助、相互扶持与债务最大的不同点，在今天看来至少有两个：一是协议，二是利息。

协议把一种非正式的契约（例如"你今天帮我，我明天帮你"）转变成为一种附带着一系列条件的正式义务。这些条件反映的是以金钱来衡量的交换价值。支付利息的规定意味着今天你所付出的在将来会得到更多的价值作为回报。换言之，人们之间相互帮助和相互扶持的行为的动机是一种"你做得很正确"的感觉（这正是奉献本身所给予你的感觉）；而对于借贷合同、协议这种情况，动机却是**剩余价值**：你想获得比今天所付出的还要多的交换价值。或者，我们还可以换一种说法（回忆一下上一章我们讲的内容）：当你给予别人帮助向他们提供具有一定价值的东西之时，你的报酬仅仅具有情感价值；可是，当你在市场社会中（在交换价值的范围之内）借贷给别人东西时，你的报酬本身也获得了交换价值——利息。

浮士德的故事，以及故事中所讲的他对麦菲斯特欠下的债务，这些东西今天我们读起来仍然很有意义，因为它反映了从简单的"有市场社会"向"市场社会"过渡的那个时代人们的焦虑和不安。马洛在16世纪创作这部作品绝非偶然，他所处的那个时代正值交换价值开始

逐步战胜情感价值且占据主导地位之时。你瞧！这就是为什么我告诉你浮士德和麦菲斯特的故事不适合小孩子阅读的原因，因为它所讲的是人类历史中最为痛苦的瞬间。

你也许听说过，伊斯兰教禁止收取利息。在伊斯兰世界中，一个人通过向另一人借贷然后从债务中牟利，这是不允许的。同样，在马洛创作这部戏剧的年代，基督教也不允许这样做。那时候的基督徒和今天的穆斯林一样，都认为有息借贷是罪大恶极的行为。还有一些宗教的文章，通篇都把"钱生钱"的过程①（从词源上看，希腊语"利息"这个单词就来自源于此）描绘成像是从蛇腹中生出来的某种东西引诱亚当和夏娃犯下了原罪一样。这就难怪，在16世纪那一时期，新建的银行都是犹太人开的，因为与基督教和伊斯兰教相反，犹太教是唯一一个不禁止收取利息的宗教。

当然，随着从有市场的社会向市场社会的过渡，人们必须重新审视这种否定利息的观念，还要对禁止利息的法律加以修改。对利息的公开批驳与指责，这与我们上一章中讲到的土地和劳动的商品化趋势难以兼容、不可调和。因此，必须推翻。

---

① 希腊语中"利息"（τόκος）和"分娩"（τοκετός）这两个单词具有相同的词根。——译者注

在推翻这一思想的斗争中，新教的改革运动起到了举足轻重的作用。新教从天主教分裂出来，拥护商人的思维方式，并接受借贷、利息和利率。从此，新教与天主教卷入了一场长达百年的战争，这场战争给欧洲留下了难以磨灭的伤痕，也表明这样的社会变革从来不会轻易成功，也不可能不付出血的代价。

现在让我们回过头再谈一谈浮士德。我告诉你，其实这部作品今天我们读得较多、剧院里也演得较多的版本，不是最初马洛写的那一版，而是一个非常现代的版本，是19世纪德国文学家歌德写的版本。如果你仔细比较一下这两个版本，你会发现一些有意思的事情。在马洛的版本中，二十年以后，浮士德百般请求麦菲斯特，希望能够解除之前所签署的协议，不要把他带进地狱。但是最后，麦菲斯特还是没有答应他的请求。相反，在歌德的版本中，浮士德最终获得救赎，免于入地狱。

让我来给你解释一下这两个结局的不同点：在马洛创作这部作品的年代，签订有息借贷协议，正如我之前跟你讲的，被认为是罪大恶极的。对于当时的广大读者来说，必须要惩罚浮士德，因为他毫不犹豫地答应了麦菲斯特的提议，并向他支付了最高形式的利息（出卖自

己的灵魂），以此换取二十年的幸福。可是在歌德写作的年代，情况已经发生了变化。交换价值已经战胜了情感价值，在社会上占据了主导地位。而利息，作为贷款的价格（或称为交换价值），在道德上和政治上都已被大家广泛接受。

所以说，歌德时代的广大读者对浮士德还是比较仁慈的。另一个同时代的、与浮士德完全相反的人物是埃比尼泽·斯克鲁奇！你读过查尔斯·狄更斯的《圣诞赞歌》，应该清楚地记着里面的斯克鲁奇一生都在积蓄财富，他攒下了一堆又一堆的利息，却舍不得在自己身上多花一分钱。但是最后，当他在梦里遇见了圣诞幽灵之后，突然改变了主意……他打开金库开始花呀、花呀，不停地花钱。他也因此第一次享受到了人生的乐趣。

你想一想，浮士德的做法是不是正好与之相反！他为了享受生活的乐趣同意首先"借贷"，之后再付出巨额的"利息"。你觉得斯克鲁奇和浮士德，这两个人物哪一个更符合歌德那个时代市场社会的需要呢？当然是浮士德！为什么呢？因为假如我们都像斯克鲁奇那样小气吝啬，只知道积攒财富而不舍得花一分钱，那么市场就会崩溃。因为没有人会去买东西，商店、工厂都要关门了，市场社会也将从此陷入深刻的危机中。

债务之于市场社会，就如同地狱之于基督教：越使人痛苦的东西越是必需的东西。

利润

"一切皆是为了钱！"这是你经常听到的一句话。虽然这话乍听起来有一股难以忍受的玩世不恭的味道，还有些对人类社会极度悲观的腔调。但是，不幸的是它还含有很大的真理成分。不过，我急切地想告诉你，虽然我们今天所有的一切都是为了钱，可是过去情况却不是这样。

过去人们做事可能更多的是为了权力、荣誉、名垂千古等（想象一下埃及的金字塔）。也许对古人来讲，金钱只是一个重要的实现自己目标的工具而已。古人认为任何事都是为了金钱的观点是不符合事实的。金钱、货币只是人们达到目的的**媒介**，而不是像今天人们想的那样，是以**自我为目的**的。

在封建社会没有哪个地主想过把自己的城堡卖掉，不管你出多少钱。他会认为自己这样做是不道德的，把自己家的祖传城堡卖掉是极大的犯罪，是堕落！即使由于某些罕见的原因被迫这样做，他们也会觉得自己卑贱、可耻、失败——即便他从中获取了高额的利息收益。今天，只要价格称心如意，没有什么是不能买卖的，城堡、油画、游艇都可以拿来买卖。为什么会出现这样的变化？金钱如何从工具变成了目的？答案（相信不会令你吃惊）是与交换价值战胜情感价值有关，还与我们上一章所讨论的从有市场的社会向市场社会过渡有关。

为了让你弄明白金钱所起的新作用，我要先跟你讲一讲市场社会的出现是如何赋予债务新的作用的？债务如何变成利润的"原材料"，以及这个把利润、盈利、金钱变成以自我为目的的过程又是通过什么方式来实现的？

你是否还记得，大约三百年前某个时期，土地和劳动都变成了商品，这个转变促进了市场社会的形成？也就是在这一时期债务与利润联起手来成了合伙人。让我们来看一下是怎么回事：

在封建社会时期，生产剩余产品的过程（我们第一章里讲过，它是"文明"产生的前提条件）可以按照以下的顺序分为三个阶段：**生**

产—分配—债务。具体来讲，首先农民耕种土地生产食物，这是生产过程；然后，封建地主派管理人员去收取（如需要可使用暴力手段）属于他们的份额，即剩余产品在封建主与农民之间进行分配的过程；最后，封建主把多余的、不需要的产品卖出去赚钱，再把赚来的一部分钱借贷出去以此来掌控借款人，也可作为交易来获取第三方的服务，这样就形成了债务。

当土地和劳动都商品化以后，出现了巨大的逆转：本来剩余产品的分配是在生产之后进行的，而现在分配却先于生产而开始。怎么回事呢？你是否还记得，英国的农民从土地上被驱赶出去，而后由绵羊取而代之。土地由地主转租给原先的农民去耕种，而这些农民从事羊毛和农作物的生产和经营活动，目的是为了赚取利润，以此来支付土地的租金和少量雇佣工人的工资。换句话说，原先的一些农民变成了小企业主来组织生产，他们租种地主的土地，并雇用无业农民从事手工劳动。

但是，为了使生产过程顺利启动，这些新兴的小企业主必须在产品（羊毛）生产出来之前筹到足够的资金，用来支付土地的租金和雇用工人的工资。你看，剩余产品如何分配在生产之前就已经决定好

了：地主的收入、租金和工人的工资在生产开始之前就已经进行分配了。

那么，这些小企业主去哪里筹集足够的资金用来提前支付工资和租金呢？当然是通过借贷啦！譬如，他们从地主那里贷款，而后再连本带息还给地主即可，当然这里也不乏形形色色的放高利贷者会为他们"排忧解难"。你知道这意味着什么吗？有两点意义：

第一，意味着债务在整个生产过程中占据了优先的地位。剩余产品的生产顺序被彻底颠倒过来了。原先的顺序为：生产—分配—债务；现在顺序正好反了过来变成：债务—分配—生产。

第二，意味着利润成为新兴的小企业主们迷恋崇拜的对象。对于新兴的小企业主来说，利润是他们维持生存的首要前提。如果产量达不到，或者产品的价格直线下跌，那么这些小企业主很可能无法还清自己所欠的贷款和利息。假如出现了这种情况，他们就会像浮士德那样沦为债务的奴隶……

财富

通过以上讲解，我希望你可以信服：利润（作为社会核心参考要素）的产生与交换价值战胜情感价值密切相关，当然也同债务在经济链条中位置的巨大逆转——从最后到整个过程的开端息息相关。

同样的历史，换一种不同的视角来看，可以这样阐述：当今市场社会的形成归因于劳动和土地的商品化。商品化不仅产生了工人阶级（前身是从土地上被驱逐的农民），同时在英国农业区还产生了最早的企业主阶级。他们为了支付租金和工资，保证生产顺利进行，被迫从放高利贷者和地主那里借债。因此，**债务**成为一切之肇始。反过来，债务又催生出**以自我为目的的利润**。而利润首先成为企业主们赖以生存的条件，其次也成为工人们乃至整个市场社会得以维系的前提。

"难道不是一直如此吗？"你心里会问。不，根本不是如此。在封建社会地主和农民的分配方式是：农民自己从事生产，在地主收取了"属于自己"的那部分剩余产品之后，余下的归农民支配。此时既没有工资，亦没有利润。地主的财富都堆积在城堡里，当然在一些节

庆日过后（生产结束，收成也分配完毕之后）也会放贷。但是，在这样的有市场的社会里，利润不是以自我为目的的，债务也不是实质性的东西。对于那些大封建主来说，他们更感兴趣的是如何劫掠其他封建主或农民的财富，如何施展阴谋诡计以博取国王的宠信，如何在战争和决斗中取胜。只有这样才能获取自己梦寐以求的财富、权力和荣誉。在他们的头脑中根本不存在"利润"这个概念。这就是为什么我一直坚持认为：正是市场社会的出现才把债务、利润和财富这三者不可分割地联系在一起。

利润与财富之间的关系，想必大家都很清楚。利润就像水一样从水管中流出灌满了整个浴池，而浴池中所盛水的总量相对应的就是财富的概念。从水管中流出的水（利润）越多，浴池中的水（财富）就会涨得越高。这个大家都知道，但有一点人们却不太了解：市场社会的财富是靠债务来"供养"的。"这怎么可能？"你也许会问我，"债务难道不会把我们带入浮士德博士那样的困境吗？"答案为非常有可能。但是事实上，近三个世纪以来人们所创造的数不尽的财富都归功于债务。正如我上面给你讲的，债务之于市场社会就如同地狱之于基督教：既令人痛苦，又不可或缺。

那么，债务是如何创造出如此多的财富和痛苦呢？封建社会的贵族们是不会有任何动力改进技术以此来提高生产效率和增加自身财富的。他们的统治地位在政治、法律、习俗、礼仪上（因为他们可以无偿占有农民的劳动成果）都有保障。与之相反，新兴企业主们连生活都没有任何保障，更不用说政治、法律、礼仪方面的权利啦。因此，他们生存下来唯一办法只能是赚钱。

为了赚钱，他们不得不参与整个生产活动的管理。这本身其实也是一种债务。他们还得不断借钱维持整个企业的经营。为了偿还贷款还有利息，他们拼命压低产品的销售价格，以此来保住客源，增加其市场竞争力。无论付给工人的工资多么微薄，他们维持生存的唯一办法是提高劳动生产率，而提高劳动生产率的唯一途径就是改进技术——因此他们开始使用詹姆斯·瓦特发明的蒸汽机，把小作坊变成了大工厂。但是，技术本身也不是免费的，他们必须筹借更多的钱来购买和"投资"。

你看到了吧，债务是如何变成"燃料"、工业革命的"蒸汽机"的。它最终创造了堆积如山的财富，可在其阴影下也隐藏着难以言表的痛苦，关于这些问题我们将在下一章讨论。

第四章

信用、危机、国家

时间之轴

　　商人一直都存在。企业主却不是从来就有的。我说的话什么意思呢？船主从英国的地主手里购买羊毛，然后冒着生命危险把它贩卖到印度换成丝绸，最后返回英国再以高价出售；企业主租用商品化了的土地，雇用商品化了的劳动力从事商品生产和销售。船主和企业主两者的性质是完全不同的。这种新兴的企业模式是随着市场社会的诞生而出现的！更有趣的是，企业主所充当的角色更像在"时间之轴"上变戏法的魔术师。

　　你设想一下：企业主端坐在一块儿垂直悬挂的薄膜前，这块儿薄膜把现在和未来隔离开来。他可以透过面前的这块薄膜在这个"时间之轴上"隐约看见未来。

他触摸了一下薄膜，然后突然用手将薄膜戳穿。他本人仍然站在现在的时空中，可他的手却已穿越到未来。他用手掌摸索着，试图从未来攥住交换价值。突然，他又将手从薄膜中收回，把未来的交换价值带回"时间之轴"的这一边——现在。

于是，企业主把尚未生产出来的交换价值从未来带回现在，这样做是为了把它投资到生产未来价值的过程中，用来偿还未来的债务，恢复历时性的平衡，最终创造出无可比拟的财富。

这就是债务对于市场社会的意义。它调用未来的价值来生产价值，这才是真正的魔法。不幸的是，和每个魔法童话如出一辙，最后故事里总要出现一个可怕的黑色魔法。而在我的"童话"故事中，扮演邪恶魔法师角色的却是银行家。你瞧，上面的描述其实并不完善。实际上，企业主伸进薄膜里攫取未来价值的那只手并不是由他自己决定的。企业主的手有自己的意志、自己的利益，而银行家却是一个特殊的群体。

事实上，要使生产过程正常运作起来，企业主们还需要另外一只独立的手——银行家之手来介入；或者更确切地说，需要另外一个独立组织来介入，这个组织由封建时代的放高利贷者发展起来，成为市场社会中无所不能的重要机构。

 # 银行家之"手"

银行家与企业主不同，他们不参与组织生产。那么他们究竟做什么呢？为什么他们手里攥着如此多的财富？很多人错误地认为银行家是为有闲钱之人和需要借贷之人提供金融服务的中介。还有人误以为银行家在借款人和存款人之间充当中介，他们向存款人支付的利息小于向借款人收取的利息，利用中间差价来盈利。

几个世纪之前的确如此，甚至今天银行家依然扮演着这样的角色。但是程度上已微乎其微，大不如以前。随着市场社会的全面发展，银行家所扮演的主要角色已不再是充当借款人和存款人之间的中介了。在发达的市场社会中，银行家不是从一个人那里获取现有的价值然后再把它转给另外一个人，而是从未来获取价值然后再拿回现在。为什么呢？因为现有的交换价值已经不足以支撑现在市场的运转，它所需要的资本投入远远大于现存的资本储备。

因此，银行家不再是企业主用来获取储蓄者现有价值的"手"，而变成了帮助企业主穿越时间之轴从未来攫取价值又把它带回现在的一只看不见的"手"。当这只手在未来攫取价值的时候，价值尚未生产出来，银行家把它带回现在然后借给企业主开始生产，最后他们再向银行家还贷，以此返还从未来"窃取而来"的价值。

这就是我为什么把银行家称为"穿越时间的中介"。你想想看他是不是很像从赫伯特·乔治·威尔斯那里偷了一台时间机器，开启时光隧道任意驰骋于过去与未来，帮助未来的企业主把钱借给现在的企业主（两者还可以是同一个人），然后扣除两者之间的利息差价以此来挣钱办派对。这种"交易"本身是非常精细的工作，因为要靠它来维持"历时性的平衡"。

其中最大的问题，也是我把银行家比作童话故事中黑色魔法师的原因，就是出现了下面的怪事："历时性平衡"维持得愈发成功，"银行家之手"就愈发有动力从未来攫取更多的价值，这样才能不断提高自身的利润率，因为银行家的利润（扣除两种利息的差价所得）与他从未来带回现在的价值量成正比。但是，如果银行家们不断地从未来借取愈来愈多的价值，那么最终将打破这种"历时性平衡"。那时接踵而来的便是经济崩溃了！

崩溃

如果银行家之"手"做得太过分，造成现在的负债压力剧增，且无论如何努力，都无法偿还所欠的未来的债务，那么此时经济就会崩溃。银行家之手最后由于狂妄自大而招致严厉惩罚，付出惨痛代价。

但是，为了形象、直观地说明这个问题，我要先跟你讲解一下银行家是如何从未来把交换价值带回来的，他们操作的手法是什么样的。只有这样你才能明白为什么说崩溃是难以避免的。

假设米哈利要制造自行车，他从银行家那里借了50万欧元来购买机器设备。有了机器设备他才能用碳纤维材料制造自行车的车架，这样造出的自行车会更加轻便、结实。可问题是：银行家从哪里筹集到这笔资金来借给米哈利呢？当然米哈利还需支付利息。

你不要着急回答："银行家拿自己的钱借给米哈利，或是用别人存在银行里的钱。"这个答案是完全错误的。正确答案是："从无处

来！""从无中来！"银行家只不过向米哈利的账户里打了50万欧元而已。这意味着什么呢？意味着当米哈利检查自己账户余额的时候，将会惊喜地看到自动取款机的屏幕上显示：账户余额50万欧元。于是，米哈利立即向机器制造商转账购买设备，他从自己的银行账户向制造商的银行账户转入50万欧元，这样就从"无中""无处"，创造出了50万欧元！

其实，"银行创造钱的过程是如此容易，以至于我们竟难以理解。"一位著名的经济学家曾这样说过。当然，所有的东西都不是从无中生出的。当我告诉你银行家用魔法从"无处"变出50万欧元时，我指的是我们刚才所讲到的：**这50万欧元来自未来！**它是银行家之手穿过薄膜、越过"时间之轴"，从未来带回现在的、尚未生产的价值，并把它有偿借贷给米哈利这位企业主。所有的人都希望米哈利这种新型的、用纤维钢框架制成的自行车能卖个好价钱，可以让他在将来顺利偿还50万欧元的贷款以及所欠的银行利息。

感谢银行家，米哈利从"无处"获得了50万欧元的贷款，或更准确地说，是从未来获得的。银行家也从无中生有，获得了一笔数额不菲的利息收益：他从未来贷给米哈利的钱越多，利润额也就越大。从此，他就开始肆无忌惮、随心所欲、不加限制地从未来贷钱回来。而经济的发展和稳定又使他乐观地以为根本没有什么限制，于是他就创造出越来越多的钱。实质上，他是从未来攫取愈来愈多的交换价值然后把它带回现在。

可是有的时候，像米哈利一样的企业主创造不出未来所需要的价值。除了米哈利这样的企业主为了生产实用产品而贷款以外，还有另外一些人贷款用来炒房地产，这些投机分子寄希望于房产能够升值，然后再以高价卖出，赚取超额的交换价值，这样的行为对经济毫无贡献。

实际上，如果有一天"米哈利"们以及那些投机钻营之人偿还不了银行的贷款，那么银行家们也就无法偿还他们所欠未来的债务。导致的结果是：企业和商铺纷纷倒闭关门，很多人因此失业。房产价格下跌，投机钻营者也濒临破产。第一波危机过后幸存的企业和商铺看到自己销售业绩不断下滑也纷纷关门停产，一大批工人因此受到波及被解雇。不久以后，银行家们由于无法及时收回众多"米哈利"们和投机钻营者所欠的贷款而债台高筑，他们的债务像气球一样随时会爆裂。原先把钱存在银行的储户们听说银行出现了严重的债务问题，纷

纷要求把他们的钱取走。可是此时的银行哪里还有什么钱可供支取，因为这些钱早已挪作他用，所以银行最后只能被迫关门。当人们听说银行快要倒闭了，恐慌和崩溃便会弥漫整个社会。

你看到发生什么了吧？当历时性平衡可以维持的时候，一切都运行正常。米哈利生产出绚丽的自行车，机器制造商雇用工人劳动，工人们购买自行车和其他商品，投机分子虽不从事生产却也能赚钱……整个市场社会持续发展着。但是，在这个经济不断发展的社会内部也潜藏着"祸患的种子"，以及黑色魔法找寻的护身符和邪恶咒语——即造成混乱、恐惧和痛苦的银行体系：它破坏了历时性的平衡，致使经济从稳定走向混乱，从发展趋向崩溃。而在这股荒谬的邪恶力量背后所隐藏的正是那只"银行家之手"。

你是否还记得我曾告诉过你：债务对于市场社会是不可或缺的：没有债务，就没有利润；没有利润，就不会有剩余价值。现在我再补充一句：生产利润和财富的过程本身也生产着崩溃和危机。经济发展的过程越稳定，银行家们就越有动力施展他们的魔法。但是，他们不太清楚，当他们的魔法突破了黑色魔法的界限，将会立即招致崩溃。在这种情况下，崩溃只不过是历时性平衡被打破而造成的突然性混乱，导致的结果是现在必须向未来坦白承认已无法偿还自己所欠的债务。

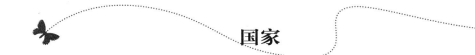

国家

崩溃之时，如果任由市场社会发展，将会出现更加广泛的、恶性循环的经济衰退。企业由于缺乏资金濒临破产，无法从事正常的生产经营；银行亦然。市场萎靡不振，平民老百姓勒紧裤带、节衣缩食。这样，人们对其他商品的需求也会相应减少，导致更多的企业纷纷倒闭，消费更加萎缩，市场更加萎靡……简单地说，崩溃带来了危机。

谁能结束这场令人头疼的灾难呢？当私营企业主们陷入这个破坏性的漩涡之中时，只有国家才能拯救他们。从19世纪市场社会第一次爆发经济危机开始，在这伙疯狂的公民施压之下，国家被迫干预危机。如何干预呢？

国家首先干预的就是万恶之源的银行系统。当恐慌到处蔓延，一个接一个的银行倒闭之时，唯一可以制止灾祸的办法是由国家介入用

某种方法切断这样的连锁反应，使那些已经濒临破产的银行重新开门营业。怎么做呢？借给银行钱。可是在这么短的时间之内国家从哪里筹集到这么多钱呢？

要具备这样的能力，国家需要建立自己的银行，我们称之为中央银行，它可以在经济困难之时把钱借给银行家们。从哪里借给他们呢？从"无处"！打个比方吧，在危机之时商业银行"创造"了50万欧元借给自行车制造商米哈利（在上面的例子中提到过），这样中央银行就"创造"出几百万欧元，如果不够，甚至还可以"创造"出几十亿欧元来借给商业银行。但是中央银行要顺利推行此举，就必须垄断纸币的印制权。这样，国家便拥有了印制纸币和管理货币的绝对权力。

国家垄断印制货币以及作为"最终贷款人"的中央银行所起的作用对于限制崩溃扩散、制止社会恐慌、稳定市场经济是很有必要的。但是这样做还不够！因此，国家逐渐开始强制实施一些其他的措施。例如从某种程度上保障公民的储蓄权，这样在银行发生不可避免的破产之时就可以防止大家的财产遭受损失。如果没有这样的保障，储户们一旦听说"经济不行了"，就会急着把自己存在银行里的钱取出来。而银行一旦没有足够的钱借给大家，就会加剧储户们的恐惧心理，以为崩溃到来了。于是，崩溃就真的到来了！这就是为什么要强制国家义务保障公民储蓄权的原因：为了防止崩溃频发。

你会经常听到这样的说法："国家才是个问题。""如果国家放任私营企业主不管，不横加干涉，事情才会变得更好。"胡说八道！国家之所以强制保障公民储蓄权并实施垄断货币的政策就是因为原来在国家没有实施干预之时，放任私营企业主不管，才导致了一个接一个的崩溃。在崩溃期间社会经济瘫痪，私营企业主主动要求国家出面干预；在危机过后又要求国家强制实施限制性的规定来约束银行家，以免悲剧重演。

 ## 国家与银行家：有毒的关系

这里出现了一对矛盾：一方面，国家必须确保银行在发生崩溃之时不能倒闭。另一方面，国家又必须约束银行家之手，使之不要从未来攫取过多现在生产不了的价值。可这两个目标却是相互冲突的。

当银行家知道危机之时国家不会坐视不管，一定会拯救他们，他们就再也没有什么后顾之忧来限制有息贷款了。国家越是运用各种规定来约束银行家，以限制他们在经济繁荣期放贷过多而造成崩溃，银行家就越是想方设法拼命抵制这些规定，不惜违背全社会的利益。与平民百姓相比银行家手中掌握的经济权力更大，可以支配国家的政要（这些人拥有监管和约束银行家的权力）为其服务，因此在这场博弈之中往往都是银行家们胜出。

正常情况下，国家应该会出手救助银行（为了不使银行倒闭，不使公民的存款遭到损失，不使整个经济体的循环系统——支付系统崩溃，这样做确实很重要），但是不会去救助银行家。国家会给银行分配房子，帮助其恢复正常经营业务。如果国家不愿意控制银行，还可以把它卖给新的私营企业主，但是他们心里很清楚，如果把自己刚刚收购的银行（比如通过不良贷款）引向破产的话，那么他们就会失去银行。

不幸的是，很多情况下政府官员救助银行所用的钱是从下层最贫困的老百姓身上攫取的。作为回报，银行家在政府选举中会资助这些对他们颇为友善的官员。所以政客们和银行家之间保持着超乎寻常的

"亲密"关系，而这种关系对于社会其他成员来说却是"有毒的"。

每当银行家想起这个对他们亲密友爱的国家在自己遇到困难之时便会挺身出、施以援手的时候，你可以想象一下，他们是不是会变得更加有恃无恐、肆无忌惮呢？也许在一场崩溃过后他们会有所收敛，但只要国家出面相救、形势稍有缓和，他们便又开始继续造钱，从未来攫取大量价值，之后把它带回生产不出价值的现在。我之前说什么来着？从稳定中产生了混乱，历时性平衡被银行家失衡的选择所颠覆。

公共债务：经济剧中的幽灵

在我们今天生活的社会里，你会发现一个令人诧异的现象：在经济繁荣的时候，企业主和银行家都是站在反对国家的这一边的。他们指责国家是"阻碍发展的绊脚石"、用税收榨干"私营经济"的"寄生虫"。他们强烈反对国家对社会经济进行各种实质性的干预。为什么呢？有两个方面的原因。

第一，他们害怕国家对银行发放的私人债务实施限制性措施（你想一想前面我们说的没有私人债务，就没有私人的利润！）。第二，他们不愿意国家负担庞大的社会开支（例如，公立医院、学校、艺术和文化，以及消除贫困等方面的支出），这些开支都需要税收来买单，他们都惧怕纳税，因为他们作为社会中的富人阶层，缴纳的税也相应较多。

银行的崩溃以及接踵而至的经济危机彻底改变了这种情况：当一连串的连锁反应开始，银行纷纷面临破产之时，银行家和企业主迫切需要国家的援助。他们需要国家提供资金援助渡过难关，却不会在意这笔资金来自何处。从他们自身的角度来讲这是合理的：在最困难的时刻他们需要社会来保护自己。可当经济形势好转了以后，他们便拒绝履行自己对社会的义务了。这当中有一些头脑狡黠之人甚至提出一些哲学观点，据此认为"社会这个概念还没有明确的界定"；还有一些更加"前卫"的观点，主张"没有什么东西可以称之为社会"。

撇开强者的诡辩术，我们不得不面对这样一个现实：国家的存在对于那些大私营企业家而言，掌控愈来愈多的剩余价值是十分必要的。我已经跟你解释过，如果没有国家造出钱来消除银行体系的震荡，市场社会早已崩溃。当然，国家必须存在的理由不仅仅只是为了维护强者赚取的利润和市场社会的存续，还有很多别的理由……

而其中一个理由就是倘若没有国家的暴力机器，大私营企业主就无法完成财富的积累。我们回忆一下前面讲的那段历史，英国最早的市场社会是如何形成的？你还记不记得我曾告诉过你，当农民从土地上被驱逐出去以后一切便开始了？你觉得地主是如何成功地把农民赶走的？他们依仗的就是国家的暴力。实际上，当时是国家、王宫出动了军队帮助地主把愤怒的农民驱赶走的。当你看到一边少数人生活在富贵和安逸之中，而另外一边大多数人饿死在曼彻斯特、伯明翰和伦敦的贫民窟里，你觉得该靠什么来维护"社会安宁"呢？当然依靠警察和军队的武器来震慑。简单地讲，倘若没有国家的暴力机器，私人利润和市场经济根本不可能存在。

国家送给大私营企业主的"礼物"不单单只有暴力，还有许多许多……如果国家不修建公路，农产品和工业产品将难以运往市场的每个角落；如果国家不建造楼房安置落魄的病人和悲惨的失业者，那么他们便会流浪街头给"良好"的社会秩序带来不安和动荡；如果国家不建立医院和相应的防疫设施，就不会有工业革命创造的奇迹；如果

国家不开办学校教授未来的工人读书和写字，就不能保障他们的私人老板获取更多的交换价值。

国家所有的这些"礼物"促进了市场社会的稳定，确保了私营企业主尤其是那些大私营企业主的财富不断增值。社会财富本来是由大家（工人、发明家、国家行政管理人员和企业主）共同创造的，可是却集中在大私营企业主手里。这些人一方面声称财富应该归他们自己完全所有；另一方面又痛斥国家的"巧取豪夺"，批评国家通过税收从他们手里夺走了"本属于他们的"财富。

由于豪强们对政府具有很大影响力（我不说他们就一定控制着政府），所以税收水平往往比国家的支出要低。富人们要求国家提供我们上面讲到的所有福利，但是他们却拒绝为此买单，缴纳与之相对应的税款。而工人们呢，他们的工资仅仅能勉强养活自己和孩子。所以他们又怎么能够负担得起税收呢？你看，这就是为什么国家的收入总是小于支出的原因，结果就导致了公共债务的产生。

从数字统计的层面来讲，公共支出与税收之间的差额称为公共赤字。假设每年国家的赤字是一欧元，那么十年后国家的赤字将增加到十欧元，同时还须支付相应的利息。那么国家又是从哪里借债的呢？

从私人企业主那里，当然还有银行家那里。于是，我们就会发现下面这些令人诧异的现象：

豪强们不愿意通过纳税在经济上援助国家，做一些非常有必要的事情，而做这些事情本身就是为了维护豪强们的利益。

国家入不敷出，被迫举债，债务额不断攀升。

豪强们，尤其是银行家，伺机借债给国家从中捞取利息，不断做大做强，却拒绝向国家纳税。

当崩溃来临之时，国家急忙用自己的钱来救助银行家。国家的这些救助金一部分来自中央银行自己创造出来的钱，一部分来自国家的税收收入，一部分靠削减弱势群体的补贴金和退休金而来，还有一部分是从豪强（或外国）那里再次借贷而来。

豪强们越妖魔化国家，就越像需要自己的肝肾一样需要国家。国家和私营企业主之间的关系在市场社会内部就如同连通器一般，相互联系、相互影响。大私营企业主越是妖魔化国家，就越是依赖它，只不过不愿意为它买单罢了。

如果你透过一定距离冷静地来观察这些现象，你会发现公共债务实际上起到了维护稳定的作用。当"形势大好"之时，经济持续增

长，国家从私营企业主那里获得贷款用于各种公共支出，这样不仅增强了商品的市场需求，又促进了经济的发展；而银行可利用国家债券作为财产担保（因为他们是从国家取得的），从其他银行融资，然后再贷款给私人企业或购房者等。当经济崩溃之时，国家及其中央银行发挥着主要作用，成为阻止灾难加剧的唯一有效机制。当紧随崩溃其后的经济危机到来之时，政府亦可通过增加公共债务来治愈危机，为瘫痪的经济体注入活力。

当你了解了公共债务及其在市场社会中的作用之后，我觉得你可以发挥一下想象力：不妨把公共债务看作"经济剧的幽灵"，如同意识驱使人一般，使人完全区别于机器人最终成为人……公共债务亦是如此，它仿佛"鬼魂"或"幽灵"一般，在我们身边每天发生的经济剧的幕后发挥着驱动情节的重要作用。公共债务的主要功能是与中央银行有机结合来稳定市场社会，确保强者的地位不动摇（把国家和公共债务玩弄于股掌之上），充当减震器消除经济崩溃以及紧随其后的危机带来的震荡。

债务、财富、国家的关系简述

债务是市场社会的原料。这些原料生产出来的产品是什么呢？利润。它是市场社会剩余价值的表现形式，最终转化成了两样东西：一个是对新技术（比如米哈利用新技术制造出来的自行车）、工作岗位、产品的资本投入；一个是财富，由利润逐渐积累到某些人的手中。

如果说一万两千年前人类发明的农业耕种技术是一场革命的话（回忆一下第一章中我们讲的，它不仅创造了剩余产品，也造成了社会的巨大不公平），那么在工业革命推动下市场社会的出现，又以惊人的速度大大增加了剩余产品的创造，进一步加剧了社会的不公平（下一章再作深入解释）。同时，还催生出了现代意义上的国家，它在经济社会中发挥着不可或缺的调节作用。为什么这样说呢？因为市场社会创造的"奇迹"完全依赖于银行体系的魔法，而这种魔法如同苍蝇喜欢扑向光源一般，更加倾向于黑色魔法。导致的结果是崩溃和经济危机，因此就迫切需要国家进行广泛的干预。干预绝不是中立的

或是没有偏私的，干预进一步加剧了社会的不公平，干预增大了银行家控制企业和全社会的能力。

对于那些既没有银行也没有企业，只能依靠出卖雇佣劳动（或者更确切地说，如果幸运的话，他们也希望能够雇用工人）为生的人来说，干预减小了他们的社会权力。

每个社会都有自己虚构的神话。市场社会也不例外。我们这个时代的神话主要有四则：

私人债务是个坏东西，正直的人都会像麦菲斯特躲避焚香一样对债务避之唯恐不及。

银行借出的贷款来自储蓄者的存款。

利润是个人创造的，它来自私营企业主；国家对利润进行重新分配，这样会更加有利于弱势群体。

国家是寄生的，它是私营企业主的潜在对手。

同所有的神话故事一样，这些也都含有些许真实的成分，但是离真相却相去甚远。与上面每一则神话相对应，我认为下面的才是完全不同的真相：

私人债务是私人利润不可或缺的原料。

私人债务导致了崩溃和危机，因为银行从无中创造了贷款，或者确切地说，因为他们从未来带回现在的交换价值越大，所赚取的利润也就越多。

在市场社会里，剩余价值是大家共同创造的，之后在国家的支持下，却被社会中拥有强权之人据为己有。

银行主要靠寄生来生存，而国家在应对危机中扮演着不可或缺的、稳定社会的重要角色；同时它还帮助强者，保障其地位绝不动摇。

市场社会中的强势群体要求国家发行公债并且垄断货币。尽管今天他们提出理由来反对公共债务和中央银行，可是他们还是出于安全考虑这样做了！

小结

债务、利润、财富、崩溃、危机，所有这些都是一场戏剧的重要组成部分。在由于强者尤其是银行家们的狂妄自大所引发的危机过后，这场戏竟然上演了如此荒诞的一幕，这些人竟对大家所切实需要

的国家援助表示深恶痛绝，但是当他们自己遇到困难时却又要求国家无限制地注入资金，并认为这么做理所当然。这场戏到此的确是一个错综复杂的谜题，可是倘若你用理智来思考一下，把它看作在世界上充满艰辛、忧愁和梦想的每个地方都有迹可循的寻宝游戏，那么谜题自然迎刃而解。

第五章

幽灵机器

维克多·弗兰肯斯坦博士综合征

　　19世纪一个漆黑的夜晚，玛丽·雪莱和她的朋友们，其中还包括拜伦爵士，在瑞士郊外的一处别墅里聚会。整个夜晚电闪雷鸣，风雨交加。别墅内烛光摇曳、忽明忽暗，不时传出各种各样奇怪的声音。参会的作家和诗人们触景生念，决定举办一场文学比赛：让每个人都写一个恐怖故事，然后投票看谁写的故事最恐怖。

　　玛丽·雪莱突然想到了维克多·弗兰肯斯坦博士的故事。他是一个善良的医生，生活在一个处处充满着死亡威胁的时代。当时，由于霍乱疫病、普通流感和营养不良很多人都死掉了。所以他决心一定要战胜死亡。作为一名了不起的科学家，维克多开始用尸体做实验，他从尸体上截取下保存完好的部分（比如器官、头颅、手等），把它们

拼凑在一起，组成了一个新个体。然后，他利用雷电的魔力使这个人体拥有了生命。

突然，博士创造出的"人体"竟然活了，它从手术台上站了起来，历经艰难、举步维艰，它试图直立行走、融入社会、找寻真爱。而维克多与热爱人类的普罗米修斯的反应完全不同[1]，他看到自己创造的"怪物"之后，心里充满了厌恶和恐惧。因此他遗弃了"怪物"一走了之，任其自生自灭。

维克多创造的怪物，在处处充满敌意的社会中生存艰难、四处碰壁。它谋杀了很多人，其中就包括维克多的妻子，以此来报复它的创造者——维克多，因为他不仅遗弃了它，还让它承受了难以忍受的孤单和寂寞。维克多十分后悔自己竟然创造出这样一个威胁人类的怪物，发誓一定要毁掉自己的作品，于是他一路追踪怪物直到北极。最后，怪物杀死维克多后自杀了。

这个故事跟我们讲的经济内容有什么关系呢？关系大着呢！玛丽·雪莱女士写这个故事的时代，正是1821年希腊革命的几年之后，

---

① 希腊神话中，普罗米修斯创造了最早的人类，他出于怜悯从神界盗取火种给人类，还教会了人类许多知识和技能。——译者注

此时在欧洲诞生了市场社会，而且爆发了工业革命（我们在第二章中讲过）。劳动和土地的商品化带来了交换价值的胜利，为机器大生产开辟了道路。生产开始越来越依赖于机器，这其中尤以蒸汽机最为先进。为什么呢？正如我们第三章中所讲到的，利润第一次以自我为目的而被创造，最早的企业主们为了使生产能够顺利启动，就不得不去借债。没有利润他们将会变成债权人的奴隶，这和浮士德博士变成麦菲斯特的奴隶的道理是一样的。

为什么机器、电力、磁力这些东西都超越了情感价值的范畴（发现和创造新知识的喜悦之情），而获得了交换价值呢？依靠科学研究的方法制造出来的机器提高了劳动率，降低了生产成本，使企业主得以生存。如果我们以社会视角全面考察的话，那么你会发现人类开始越来越多地使用"机器奴隶"来为我们默默无闻地服务，这使我们的生活变得更加美好，再也不用干那些我们都不愿意干的苦差事了。我们所梦想的社会就像《星际迷航》中所描述的那样，人们去探索外太空，天天热衷于哲学思辨再也不需要干活了，他们吃的食物和日常必需品（从衣服到工具、乐器、首饰等）都是从墙上的洞里自动出来的。

可是，我们创造的机器（各个工厂、农场、办公室、商店使用的机器）非但没有让我们摆脱掉贫穷、饥饿、不平等、生存压力和令人身心俱疲的苦差事，反而对我们更为不利。这些机器生产出大量的产品，没有让我们的生活变得更加容易，反而使我们的生存压力空前提高，工作质量空前下降，不安定因素空前增大，寻找一份可以谋生的工作，让自己"有权利"干些苦差事的求职焦虑症也严重起来。这不禁让我们联想到随着车轮转动的小白鼠，跑得越快，就越无路可逃。最后，不是机器沦为我们的奴隶，相反，似乎是我们劳动来养活我们的机器奴隶。

从这个角度来看，玛丽·雪莱创作这部小说的目的就在于此。它像寓言一样告诫人们：如果我们使用不当，技术就可能会创造出一个奴役我们的怪物，而不是一个服务我们的奴仆。这个怪物不仅会使我们陷入恐惧，还有可能彻底毁灭我们。技术是人类的伟大创举，如同弗兰肯斯坦博士从尸体中创造出生命的成就一样。可是如果不小心，它就会反噬它的创造者，最终以悲剧收场。

作为纪录片的《黑客帝国》

在文学和影视作品中反映人类对自己创造物的恐惧绝不是偶然的现象。类似的作品还有很多，如格林兄弟的童话《甜稀饭》，歌德的《魔法师学徒》，以及影片《银翼杀手》和《终结者》系列。这些作品都表现了人类的这种恐惧。但是，还有一部科幻作品，可以把它看作与玛丽·雪莱的《弗兰肯斯坦博士》齐名的后继之作，它也是以寓言的形式反映了在市场社会中使用技术手段非但没有使人们获得解放，反而更受奴役。这部作品就是1999年由安迪·沃卓斯基和拉里·沃卓斯基两位导演执导的影片《黑客帝国》（三部曲中的第一部）。

《黑客帝国》中机器人的叛变不仅仅局限于"谋杀它们的创造者"。剧情与上述的那些作品截然不同：弗兰肯斯坦博士用尸体各个部分创造的怪物攻击人类完全是出于纯粹存在主义的焦虑，而《终结者》系列中，机器人屠杀人类是为了取而代之获得未来地球的统治权。可是相反，在《黑客帝国》中我们看到的是另外一番景象：在人类节节败退之后，机器人控制了社会，他们费尽心思养活人类，把人

类当作活体发电机来获取能源！

影片究竟讲了些什么呢？当人类耗尽了地球上的能源（石油、煤炭、天然气）之后，彼此之间开始手足相残，甚至不惜动用核武器毁掉一座又一座城市。整个地球被黑雾笼罩，太阳光由于难以穿透黑雾所以照射不到地球表面上，人类连仅存的太阳能也失去了。此时，人类发明的机器人产生了意识，他们认为人类就像愚蠢的病毒一样破坏着他们所居住的"有机体"——地球，所以决定自己来统治这个星球。可是现在已经没有能源可供机器人使用了，于是他们决定奴役人类，把人类改造成发电机。怎么操作呢？他们把人的躯体囚禁起来装到试管里像植物一样来培育，然后再把人体的热量源源不断地传输到发电厂去，这样机器人社会便获得了电能可以运转起来了。

根据影片中的情节，黑客帝国中被囚禁的人类灵魂忍受不了孤独的煎熬，以及完全失去自由的痛苦，所以他们的躯体很快就死了，而机器人的经济也陷入了能源危机。因此，机器人发明了矩阵，用导线把人的大脑与矩阵网络连接起来，这样在被奴役的人类大脑中呈现出一个虚拟的现实来。这个虚拟的现实使人类意识不到自己身处一个完全被奴役和被剥削的状态中。换句话讲，就是当人类的躯体在为机器人社会利益服务，一直充当人肉发电机的时候，机器人给人类创造出了一个令人向往的生活假象。

《黑客帝国》是沃卓斯基兄弟构想出的一部关于未来社会的科幻寓言。但是，和玛丽·雪莱的《弗兰肯斯坦博士》一样，还可以把这部影片看成是一部纪录片，把它看作是对现实的写照，而不是表现对未来的恐惧。如果你看过1936年查理·卓别林演的《摩登时代》，就会明白我说的意思了。工业革命以后，机器开始参与到生产中来，我们面临的选择不外乎两个：要么主动适应生产机械化的要求，把自己变成机器、网络、生产所需要的附属品；要么被淘汰，在劳动力市场上找不到工作。

不仅仅只有工人成为机器的附属品，老板、企业主同样也面临着两难选择：要么镇压工人，阻止他们抗议精神商品化和身体机械化；要么由于竞争对手抢走自己的客源（通过降低劳动成本、降低价格）而破产。总之，不管是工人还是老板，我们都逐渐成为我们所造之物的奴仆、机器的附属品，都变成了黑客帝国中的人肉"发电机"！

从这个意义上来讲，电影《黑客帝国》可以看作19世纪最著名的革命家卡尔·马克思所描述的一种极端版本。马克思深受雪莱的《弗

兰肯斯坦博士》的影响，曾经在其著作中指出："机器是我们不得已而屈从的力量。"不仅仅只有工人，还有资本家，所有的人都被我们所创造出来的机器驱使、服务。

现在你明白了，为什么我说电影《黑客帝国》是一部非常有意思的反映现实的纪录片，而不仅仅是一部把未来描绘成噩梦一般的科幻片了吧。

交换价值的秘密

我给你讲《弗兰肯斯坦博士》和《黑客帝国》的故事，带你领略科幻作品的魅力，目的是帮助你更好地理解今天我们的社会现实，而不是将来。我们发现在市场社会内部隐藏着一个幽灵、一个鬼魂，使得市场社会动荡不安。这个幽灵是什么呢？它就是人类劳动。

这话听起来不可思议。为什么我会说人类的劳动犹如鬼魅一般困扰着市场社会，使它不得安宁呢？在解释原因之前，请允许我提出一个简单的问题：从电影《黑客帝国》中的情节我们可以发现，机器人在占领地球以后使用人体作为发电机获取能源，很显然他们已经创造了属于自己的一套复杂的经济体系。这一点在《黑客帝国》三部曲的两部作品中表现得尤为明显。老机器人创造出新机器人；一些机器人生产原料制造机器配件和备用零件，另外一些机器人成为技术的设计者和改进者推动整个机器人社会不断进步；机器人兵团维护着黑客帝国的社会秩序（利用矩阵在人脑中呈现虚拟的现实），还有一部分机器兵团负责追剿那些逃跑、反抗的人类……**你有没有发觉这个机器人社会俨然是一个市场社会呢？那么这些机器人是否创造交换价值呢？**这就是我提出的问题。当然，这个问题的答案取决于我们如何定义社会、交换价值这些概念，以及我们如何区分**价值**和**功能**两个概念。

我们以老式的机械钟表为例：钟表的微型发条和齿轮各自具有独立的功能，可它们组合在一起才能"生产"出正确的时间。这使我们联想到有机体，它也是按照同样的方式来运作的，各个部分之间相互配合、相互补充。可是这样就成为社会了吗？生产价值吗？可能你见过的机械钟表不太多，所以我们再以电脑为例来解释一下：电脑里复杂的程序赋予了它"生命"，你可以从YouTube上随意下载你想要看的视频，这样电脑就运行了起来。可是，如果不依靠你，不依靠电脑

的使用者，它能否创造价值呢？

实际上，我们发现不论是机械钟表还是电脑，它们内部有很多复杂的功能。可是，对于社会、市场，当然还有市场社会而言，要把握其内部特点却绝非容易的事。那是因为交换价值这一概念，如果只停留在单纯的机器系统内部，而离开人类生产者，是没有任何意义的。

当钟表匠们为了修理钟表研究它的齿轮和发条之时，他们研究的是钟表的功能。当电脑工程师们讨论电脑的完全自动化系统之时，他们绝对不会使用"价值"这个术语来描述微处理器的溢出，他们所讲的都是功能问题，比如数据的输出、数据的输入等。在这种情况下，**"价值"**这个术语是完全多余的，没有任何实质性内容。如果我们把钟表的发条（或电脑微处理器）与我们研究的机器系统中的其他零部件进行比较，然后讨论其交换价值，这将会是多么的荒唐可笑！

明白了这些道理，下面让我来做一个简要的总结：在一个没有人参与的系统内部，尤其是当我们可以使用**"功能"**这个简单词语来指代的时候，我们没有理由借助于**"交换价值"**这个晦涩难懂的概念来表达。正因为此，如果我们把社会的概念同一个机器网络、一个系统或是一个有机体混淆，那将会是一个相当愚蠢的错误。在一个没有人的世界里（或是像《黑客帝国》中描述的那样人类完全丧失智能的世界里），社会、市场、交换价值这些概念统统都是不合时宜的。

总之，交换价值的秘密就潜藏在人类——这个拥有真正自由意志、自我意识的生产者身上。也正因为这个秘密，使得交换价值成为一个十分有用的概念。

可是，拥有自由意志的人与一个高度发达的机器人之间到底有什么区别呢？《黑客帝国》中的机器人"社会"和人类社会究竟有什么不同呢？从经济层面来看，又是什么东西使得交换价值和价格（以欧元、美元等来结算）成了人们普遍关注的焦点呢？

 # 什么使我们成为人

在影片《银翼杀手》里，主人公瑞克·迪卡（剧中由哈里森·福特饰演）接到一项艰难的任务要去追捕一些人形机器人（剧中称之为Androids，即仿真机器人），这些机器人在私人企业做苦力时突然逃逸，临走时还毁掉了工厂（用特制的手枪开火射击）。因为此时的机

器人仿真技术已经相当发达，所以很难从真人中分辨出仿真机器人。当最新一代较先进的仿真机器人也拥有了像人类一样的感情和对自由的向往之后，主人公瑞克的追逃任务就变得残忍了。

电影《银翼杀手》实质上探讨的是关于人的定义问题。到底你身体的哪一部分被机器零件替换后，你就不能被称为人了？如果给一个残疾人或天生聋哑人装上牛腿或牛耳，显然他还是人——即便给他装上了机器零件也是一样的。假设现在我们开始把人的器官一个接一个地换掉然后安装上机器心脏、机器肺、机器腿脚、人造肝和人造肾，那么他还是人吗？当然是。那假如我们再继续把大脑也换掉呢？比方说如果有一个病人患了帕金森综合征，我们在他的大脑中枢神经处植入一块芯片呢？他依然还是人。

毋庸赘言，也许将来有一天人类会被类似《银翼杀手》中的仿真机器人一样的"某种东西"所取代。这样的仿真机器人社会更像是黑客帝国中的社会，而不是一个人类社会。因为它不创造任何交换价值，它的运作方式如同一个电脑网络，可以建立起一个叹为观止的宏伟国家，却不能创造交换价值，也不能称其为"市场社会"。这样的国家更像蜂房，而不是社会，它的成员更像蜜蜂，而不是公民。

也许我们无法确定到底人身体的哪一部分被取代将会使我们变成类似机器仿真人一样的"新新人类"。但是这些都已经不重要了，只要我们知道到底是什么东西使我们称之为人，而且没有这个东西就没有所谓的交换价值以及市场社会就已足够了。

人类劳动对抗商品化

拥有一个由仿真机器人组成的产业大军是每个雇主、每个企业家的梦想。他们可以夜以继日地工作，不但可以从事手工劳动，还可以当建筑师、机械设计师和发明家。这些机器人除了维持自身性能所需要的技术要求（例如定期保养、消毒、供能）以外，它们没有心理问题，没有休假需求，对企业没有任何意见，当然也不会有任何兴趣参加工会组织……

可是，假如每个雇主的这一梦想都实现的话，市场社会也就大难临头了。你还记得吗，我们曾经讲过如果没有"人"这一生产要素就不会有交换价值？实际上，如果所有的生产活动都由机器人操作完

成，那么生产出的产品就不会有交换价值了。若生产的产品数量趋近于无限，那么其价格、交换价值将趋近于零。这和黑客帝国中的机器人社会、一台电脑的内部情况是相似的，虽然我们能看到在其内部数以万计的机器在运转，创造着巨大的生产力，但是却没有创造出任何**交换价值**，也没有**价格**。假如经历这样一场宛如噩梦的技术革命，也许那时交换价值就消亡了，不过人类社会还会继续存在下去——像电影《星际迷航》那样：机器人从事生产活动，而人类去探索宇宙，讨论生命的意义……

如果我说的没错，价值的生产实质上需要人类的介入，那么我们就会发现一个十分有意思的矛盾现象，这个矛盾深深埋藏于今天市场社会的基石之上。一方面，那些大公司为了大量生产我们所需的产品，千方百计地实现机械化生产以此来降低劳动成本（如果你去生产汽车或电脑的现代化工厂参观一下，就会看到有一大批机器人在工厂里劳动，而工人很少介入）；另一方面，当企业用机器人成功取代工人的时候，并且用对待机器人那套办法来约束工人的时候，这些产品的价值就趋近于零。

简言之，企业推广机器来代替人类劳动的力度越大，按照管理机器人的方式来约束人类劳动越多，那么我们社会生产出的产品价值就越小，企业的利润也就越少。

这就是我前面给你讲过的每个企业主的梦想。如果这一梦想实现了的话，那么对于全体企业主而言将会是一场可怕的噩梦。正如英国人所说："你要警惕帮你实现最强烈愿望的那位神！"

你现在该明白了，为什么我在本章开头跟你讲《弗兰肯斯坦博士》《黑客帝国》《银翼杀手》以及其他科幻作品了吧。表面上看，这些故事与经济学没有什么关系。其实，我跟你讲的所有这些故事与经济学关系密切着呢，特别是与市场社会遭遇的各种危机有脱不开的关系。下面我们就来仔细看一下：

大企业由于相互之间巨大的竞争压力，因此迫使他们的工人尽可能地像高效的机器一样劳动。他们雇用工人劳动好似租了一台发电机或是购买了一个仿真机器人一样。可是，企业主不管怎么挖空心思，他们的愿望始终都不可能实现。因为人类的劳动是永远替代不了的，无论愿意与否。人类拥有连自己都惊叹不已的能力（比如他有无可比拟的创造力，反过来也有难以抵挡的自我毁灭力），革命性的反抗精神，难以预测的、超乎寻常的行为方式（这一点是发电机无法比拟

的），同时它还拥有超越自身"程序"的本领（这个仿真机器人永远无法理解）。

这个故事发展到此最大的奇怪之处在于：不论是镇压工人的反抗，还是企图把工人改造成听话的机器人，企业主全都以失败告终，而恰恰是这样的失败反而挽救了市场社会。为什么呢？因为，如果他们成功了，那么交换价值、价格和企业主的利润统统都将化为乌有，这样就毁掉了市场社会赖以存在的基础——利润！

我觉得，这也是《银翼杀手》最后一幕所要表现的意义。当主人公瑞克·迪卡爱上了一个拥有感情的仿真机器人之后，他放弃了追杀机器人的任务，决定与她一同私奔。这个剧情的发展脉络与当今工人们的所面对的情况恰好相反：当今的工人们为了防止企业家把自己改造成机器人不断进行反抗，这样的反抗斗争使得市场社会得以维系；而《银翼杀手》中的仿真机器人已经超越了一般机器人的本质特征，已经不再是机器人了，成为真正的人类，它仿佛给观众留下了一丝希望：即技术不会把人类引向宛如噩梦一般的"黑客帝国"，而是把人类带进如同"星际迷航"一样的乌托邦。

利润危机：市场社会对"黑客帝国"的反抗

在上一章里我跟你讲过了"时间之轴"，以及银行家们使用了什么方法越过时间之轴，从未来攫取价值然后带回现在创造出大量债务，而这些债务是市场社会可以创造出巨大剩余价值、高新技术、惊人财富的前提条件，同时它也是造成社会不公、危机重重的罪魁祸首。市场社会的危机之所以不可避免，就是因为过分贪婪的银行家们不断地从未来攫取越来越多的价值，导致现在根本偿还不了。

除了银行家因狂妄而招致崩溃的惩罚之外，我们在本章中又发现了一个导致危机的第二重原因。是什么呢？企业不断进行生产过程机械化改造的趋势。起初，生产机械化极大地推动了市场社会的发展。工厂主为了努力降低生产成本、不断提高产量，采用了新式蒸汽机（19世纪）或新型智能机器人系统（今天），他们无意中开启了一系列的良性连锁反应。

制造机器的公司接到订单然后雇用工人从事生产。工人取得收入之后去购买房子、汽车、去饭店吃饭，等等。而工程承包商、汽车制

造商、饭店老板看到自己的收入不断地增加，于是就继续加大投资。如此循环往复。虽然技术的发展造成了一些工作岗位的消失，比如由于汽车取代了马匹，导致蹄铁匠、马夫、制造马车这些行当全都消失了，但是同时它在新的领域（比如建设公路、加油站、汽车制造业）又创造出许多新的工作岗位。这是一个良性的循环过程，它促进了企业竞争与技术发展的相互结合，从而创造出新的更先进的机器。

但是，在良性循环发展的同时，危机的种子也在其内部生根发芽。当人类以非凡的才智发明的机器"奴隶"生产着我们所需要的产品，同时还创造出越来越多的工作岗位的时候，危机的幽灵已经开始不知不觉地在我们的社会中游荡。你看，生产过程逐步机械化使我们的社会越来越接近黑客帝国——机器制造产品同时也制造其他机器，这个过程完全是由机器自己完成的，根本不需要我们人类的参与！

你还记得我告诉过你的黑客帝国中的"经济体系"吗？我们讲过它生产了大量匪夷所思的产品，创造了一个恢宏奇妙的帝国，可是有一样东西它却创造不出来：交换价值。生产越是实现机械化，市场社会就越接近黑客帝国，那么交换价值就越趋近于零。这就是为什么你今年买的iPod比五年前在新加坡机场买的那个要便宜很多的原因。因为整个制造过程都是由机器人完成，而人类极少参与。

生产机械化降低了商品的交换价值，随之而来的就是商品降价，而单位产品的企业利润——比如每一个iPod的利润也就减小了。此时，如果一个弱小的企业发现自己的利润变成了负值，那么它就无法偿还自己所欠的债务了，于是便关门停业，解雇工人。而工人们随即缩减消费支出，又造成其他企业的收益也随之下滑。其中最弱小的企业倒闭了，工人也失业了。因此，一轮破产、失业、经济衰退的连锁反应也就开始了。

当危机的阴霾逐渐遮蔽地平线之时，企业主们便会坐立不安，陷入恐慌，他们首先要做的就是取消购买新机器的订单。这样做的原因简单来说就是因为他们预见到了一场危机就要来临，他们生产的商品市场需求量将会随之减少；他们还预见自己订购的新机器将会生锈，上面将落满一层厚厚的灰尘，同时他们还必须按时偿还自己购买机器时的贷款。因此，取消订单才是更为理智的做法。

由于即将到来的危机而取消新机器的订单，这种做法会造成两个结果：第一，它会加速危机的到来，同时也会使危机扩大化，因为机器制造商也会同样解除并取消自己向其他公司的供货订单；第二，可

以阻断市场社会向黑客帝国式的经济模式发展，因为除了经济危机以外，再也没有什么东西可以更为有效地阻止一个社会的机械化进程。

在把人类劳动完全从生产领域剔除之前，市场社会似乎要经历一场极其强烈的、痛苦的痉挛，才能挫败黑客帝国对人类的全面入侵……

复苏还是僵局？

当危机来临，会发生什么呢？

理想情况下，当社会机械化趋势得到扭转以后，经济会自动复苏。你瞧，在危机最严重和社会普遍绝望的时候，工人们依然为了勉强可以糊口的微薄工资而辛勤劳动。此时，人类的劳动变得比机器的"劳动"价钱更低了。随着大量企业不停倒闭，很多机器、厂房都被低价出售（被那些破产的企业清仓处理掉）。由于很多公司都已停产，所以这时企业的竞争压力大为减轻。那些在经济危机的暴风骤雨中屹立不倒、生存下来的企业意识到他们面临的竞争压力不复存在了，因为大多数同他们竞争的企业此时都已经倒闭了。虽然整个行业"大蛋糕"以及全社会的剩余价值与从前相比要小得多，但是由于从危机之中幸存的企业为数不多，所以随着企业生产成本的缩减，这些企业分到的相应"蛋糕"份额就会增大。

你瞧，这就是市场社会的又一大悖论：经济情况越糟糕，在危机中倒闭的企业越多，幸存下来的企业的利润增长得就越快。有一句名言叫作"生存还是死亡"，在这种情况下我们可以把它改成"破产还是盈利"。如果用稍微简单一点的话来讲，那么这个市场社会盈利的巨大悖论还可以这样来描述：当经济繁荣发展之时，随着社会愈发趋近于黑客帝国的经济模式，利润将会逐渐减少；反过来，等到了经济危机之际，那些幸存下来的企业利润在不久之后（当然不会立刻）又会逐渐增长。

试想一下，当一个企业主望着危机过后满目疮痍的景象，却发现自己的利润在不断增长，失业的工人又回来重新工作，机器以原来十分之一的价格贱卖掉，同行激烈的竞争也消失殆尽，此时他会做什么呢？这个企业主难道不会考虑立马抓住这个千载难逢的时机永久垄断这个行业吗？那么他又怎么来操作呢？把大多数"闲置"的机器购买

过来，雇用失业人员重新工作，扩大生产规模，让竞争对手不敢再涉足这个行业，以此确立自己在这个行业中的统治地位。

这样的局面还算是不错的。如果一切顺利的话，各个领域的企业主同时采取一些相应的行动，那么社会总收入就会增长，经济将会重新运转起来，慢慢地全面复苏就指日可待了。

如果在危机之前，即在社会抵御"黑客帝国"入侵发生"痉挛"之前，银行家由于过分狂妄骄纵已经迫使整个社会深深地陷入了债务的泥潭之中，那么就会发生非常糟糕的情况。通过前面的讲解，你应该明白：每一次危机都意味着现在已经无法偿还银行体系从未来攫取的价值。这样便会造成一个结果：允许债务免除。这不是一个道德问题，即一个人不偿还另一个人的债务，现在不偿还未来的债务，是否正确、是否应该的问题。这是一个十分现实的问题：当借贷人破产，就没有可能偿还其债务了。事已至此，一切都完了。

可是银行家们却不能轻易接受这个残酷的现实。他们开始在幕后操纵，并动用自己所有的人脉关系对政客们施加影响，游说政府不要免除个人、企业以及国家向他们所借的债务。虽然银行家对此应该承担不可推卸的责任，因为是他们无节制地从未来攫取价值并带回现在放贷给大家，导致现在人们无法偿还眼下的债务。这里需要注意的是：为什么银行家们竭力游说政府，妄称以整个社会的力量可以还清未来的债务呢？

如果银行家成功阻止了债务免除方案，那么债务依然会记在银行的账簿之上，大家无论如何都必须还清贷款。这样的话，那些危机中幸存的企业如果想雇用工人、增加新的投资就不可能实现了。为什么呢？有三个方面的原因：

第一，银行自身的财务状况已经堪忧，它借出去的贷款很有可能永远收不回来，所以银行不会再给这些企业贷款了。

第二，幸存下来的企业已经欠下好多债务，他们不愿意再贷款了。这个道理同样适用于那些债台高筑的家庭，如果他们欠了很多外债，那么在消费时就会犹豫不决，即便他们的收入提高了也还是这样。

第三，国家本身也有赤字和债务，但是为了救助银行免于破产，它仍然向业已重伤的企业和债务缠身的家庭收税，最终遏制了企业的投资需求和家庭的消费需求。

你看到了吧，这就是出现糟糕局面的原因。在这种情况下，尽管

危机中幸存下来的企业利润已经开始逐步增长，可是由于银行家们拥有操纵社会（还有政客们）的大权，所以他们能遏制经济复苏，使市场社会陷入长期衰退的僵局之中。只有全社会奋起反抗，协调一致要求国家出面干预并免除债务，情况才会有所改善。唯有这样才能净化社会的"空气"，驱散债务的"阴霾"，推动经济逐渐复苏。当然还有可能出现更为糟糕的情况，成千上万的人一起捣毁机器和厂房，演变为一场战争迫使政客们免除债务，这样便能迅速地"消灭"危机。

 ## 结语：机器的奴隶还是机器的主人？

人类因为生产工具而进入文明社会。机器是最高级的工具，而智能机器人又是最高级的机器。正如弗兰肯斯坦博士希望把人类从死亡的恐惧中解放出来一样，我们生产机器也是为了满足我们的合理愿望，把我们从繁重的劳动中解放出来，让我们可以有闲暇从事自己喜欢的事：早上可以写写诗歌，下午可以进行哲学探讨，晚上可以到剧院看戏，与我们的朋友和家人共进晚餐。

理想状态下，我们发明、生产的机器奴隶应该可以把我们解放出来，使我们的社会更加接近《星际迷航》中所描绘的那种状态。在这样的社会里，所有人只有存在主义的焦虑，而繁重的劳动都交由机器人来完成。可是，当机器仅属于少数人的时候，这些人使用机器纯粹是为了赚钱，而大多数人只不过是他们的雇佣工人，这时机器就成了所有人的老板：它不仅仅是其所有者的老板，而且也是在其旁边劳动的工人的老板。

市场社会的机械化过程没有把我们带入"星际迷航"式的乌托邦，反而把我们引向如"黑客帝国"一般的梦魇，它把机器变得跟弗兰肯斯坦博士所造的怪物一样。多少代人牺牲在危机的祭坛之上，危机带给市场社会犹如痉挛一般的阵痛，以此来对抗机器的全面胜利。当我们不断发展的同时，也不自觉地埋下了危机的祸根，同时还破坏了自然环境，污染了我们的饮用水，污染了我们呼吸的空气，腐蚀了我们赖以生存的土地。当银行家们肆无忌惮地从未来攫取交换价值，然后贷款投资生产机器，那么危机将不可避免，它会毁掉不止一代的劳动者，直到经历了一次政治动荡或是一场战争，"删除"了所有债

务以后，我们才能重新开始。可是此时，人们已经更加贫穷、更加崩溃，生活质量也大不如以前。

难道市场社会就逃脱不了这样的恶性循环吗？它是否能够摆脱"黑客帝国"的侵犯以及经济危机所带来的痉挛性阵痛呢？这种阵痛让亿万人陷入绝望，之后又把人重新引向"黑客帝国"的老路，直到下一次阵痛到来。

我们能否把作祟的幽灵驱赶走，不要让它再把机器变成我们冷酷的主人，以此改变我们被奴役的宿命呢？

有没有可能让技术为我们服务，使我们的地球免遭技术的破坏呢？

从《黑客帝国》中一个机器人对主人公尼奥（他是反抗黑客帝国的少数勇士中的一位）所说的话中，也许我们能够找到答案。

在逮捕了最后一个机器人之后，机器人（它自称特工史密斯）对尼奥说："在这个地球上每一种哺乳动物都本能地与它生存的环境保持着自然的平衡，但是只有你们人类例外。在地球上还有一种生物和你们行为方式一模一样，你知道是什么吗？病毒。你们人类就像是地球的一种疾病、一个肿瘤。你们像是一种传染病，而我们机器就是来治愈这种疾病的。"

从我们人类到目前为止的一贯行为来看，机器人说的也许没错。同样，弗兰肯斯坦博士制造的怪物憎恨可怕的人类，还有创造它的人，这也没错。但是，我还是报以乐观的态度，认为你们这一代能够证明"特工史密斯"的说法是错误的，只要不再把市场社会看作是理所当然的，不要再认为机器奴隶只应属于某些人，而不把它作为人类的共同财产。

第六章

两个俄狄浦斯效应的市场

没有麦菲斯特的浮士德

1989年，我的朋友瓦西里刚刚大学毕业，他拿着自己获得的经济学博士学位去求职，却四处碰壁，一直找不到工作。时间一个月又一个月地过去了，他也渐渐降低了自己的期望标准，开始寻找那些不是特别抢手的职位了。有一次，他彻底失望了，所以就写信向我哭诉（当时我已经移居到澳大利亚了），在信中他对我说：

"雅尼啊，一个人最糟糕的事莫过于处于这样的绝望之中——他愿意出卖自己的灵魂给魔鬼，可是魔鬼却不愿意买。"

这其实就是失业者迫于生活的巨大压力乞求低贱、廉价的工作岗位时的真实写照，可更为糟糕的是：即便这样，老板们仍然拒绝给予他们工作的机会。希望你永远不会遭遇类似的情况，可是你要知道

你的亿万同胞们今天依然身处这样的困境之中。我还希望你不要受到我的一些同行、一些经济学家的影响，他们固执已见拒绝接受这个现实，拒绝承认有人处于失业的困境之中。他们为什么拒绝承认呢？

为了让你理解这些经济学家的思维逻辑，明白这些人为什么拒绝承认存在真正的失业者，我来给你讲一个事例。其实他们的这种想法和我另外一位朋友——安德烈的想法是一样的。有一次，安德烈跟我抱怨说他在帕特摩斯岛郊外的一处房子怎么卖也卖不出去。我告诉他我出十欧元买下它！他大笑起来，突然明白了"你卖不出去"和"你得不到你想要的价格"是两码事。这其实就是那些否认存在失业的经济学家的思维，他们拒绝接受以下现实：麦菲斯特可以但却不愿意购买浮士德的灵魂，同样的，一个老板可以却不愿意雇用瓦西尔工作。

否定存在失业的人一般按照这样的逻辑来思考问题："如果失业者的工作能够为雇用他的人创造某些价值的话，那么雇主将会很愿意为他提供工作岗位。一个老板愿意每月出价一百欧元雇用我的朋友瓦西尔，这和我愿意出价十欧元买下安德烈在帕特摩斯岛郊外的房子道理其实是一样的。但是实际上，安德烈绝不愿意以如此低廉的价钱卖掉房子，瓦西里也不愿意为了这么微薄的工资委曲求全给老板打工。

难道这就意味着安德烈的房子找不到买主了吗？不是。或者说瓦西里找不到雇主了吗？也不是。这只能够说明安德鲁和瓦西尔两个人都没有找到合适的买主愿意接受他们所开出的价格。这完全是他们自己的问题。他们可以选择不卖掉房子，也可以选择不接受工作。当然你也完全可以把你房子的价钱或者你所渴望的薪金提高到亿万欧元，可是如果你找不到客户，那就怪不得别人了，这完全是由你的愚蠢和贪婪造成的。你只有降低价格或工资，才能找到客户。因此，声称市场社会没能给你解决就业问题是没有道理的。我的朋友安德烈高估了他的房子在房产市场上的交换价值，同样我的朋友瓦西尔也高估了自己的劳动在劳动力市场上的交换价值。这是他们的权利，无可厚非，但是他们不能因此就把自己描述成市场的受害者或是失业者。"

简言之，正如你刚刚所看到的，否定存在失业现象的经济学家们拒绝把那些愿意但是却没能找到工作的人定义为失业者。他们认为像瓦西尔这样的失业者同安德烈一样，他不卖房子是因为人们所出的最高价格对他来说还是太低了。换句话来讲，那些否定存在失业现象的人认为：像瓦西尔这样的人是自愿**选择**做**无业者**的，因此他们不是失业者。"失业者"这个术语指的是想要工作却一直没有工作可做的

人。我的这些经济学家同行们还声称："即便是坐在红绿灯路口等着给过往汽车清洗挡风玻璃的人，他们也能得到最低的工资。"

从某一方面来看，这个论据似乎有些道理。没有人向你保证过劳动力市场所规定的工资可以维持一个人体面的生活。只要你降低要求，索要的工资越少，你找到工作的可能性就越大。这一点看似很合理。你会说："没错，可是我上班必须能够赚到足够的钱，才能吃饭、穿衣、交房租啊。如果我的工资不足以维持最低的生活需求的话，我和失业者又有什么区别？"我同意你的观点，但是这里还有一个更深层次的问题：

在劳动力市场上，如果瓦西尔开始逐渐地降低雇佣劳动的价格（即雇主所给的工资），很可能出现另外一种情况，即无论如何降低工资，他都找不到工作。这一点与安德烈的情况完全不同，只要安德烈的房子一直降价……降到十欧元，他总还是能找到买家的。换句话讲，也许失业者就像是一个浮士德，为了出卖自己的灵魂，他向麦菲斯特索要的价格越低，麦菲斯特就越不想要了……最后反而不再考虑购买他的灵魂了。

鹿、野兔以及乐观效应

为什么适用于安德烈房子的道理（如果大幅降价，房子就一定能卖出去）放在我的经济学家朋友瓦西尔身上就不适用了呢（即便他要求降低工资也找不到工作）？在解释这个问题之前，我先给你讲一个故事。这个故事是二百年前法国大哲学家让·雅克·卢梭想出来的。

假设在亚马孙或是非洲的丛林里有一群狩猎的人，他们的装备仅有网罩和弓箭，准备捕捉一只体型硕大的鹿，然后把猎物带回营地分给家人，让大家都能够填饱肚子。他们看到鹿站在森林的一片空地上，于是众人决定把猎物包围起来，静静地等待机会，不要惊吓到它。由于从远处射杀这个庞然大物难以获胜，所以他们想让每个人抓住网罩形成一个包围圈先把猎物罩住，然后再用弓箭射杀猎物。这样做成功的概率会大一些。

问题是这场集体围猎行动将持续一整天，如果在天黑之前抓不到猎物，那么他们及其家人恐怕都要饿肚子了。他们还很清楚倘若其中有一个人疏忽大意、心不在焉，让猎物从包围圈中逃脱，那么整个围猎行动将功亏一篑。换句话说，这个包围圈中的任何一个薄弱环节都

足以使所有的人忍饥挨饿。突然，在他们捕猎的区域内有不少野兔窜来窜去。此时，围猎的人只要稍做努力，开弓射箭，就能杀死野兔。可是，如果这样的话，只要有一个人把注意力集中到野兔身上，那么围猎鹿的行动就会失败。此时即便有人抓住了一只野兔，那么大家依然会忍饥挨饿，因为一只兔子根本不够分给所有人吃。

你看，这就是猎人们的两难困境：他们非常希望能够依靠集体的力量抓住鹿，举办一场盛大的晚宴，载歌载舞欢庆一番，之后酣然入梦。如果每个人都很肯定其他所有人的注意力都集中在鹿身上，那么他自己也会这样做。可是相反，如果此时有人担心别的同伴会疏忽大意、悲观泄气（认为抓到鹿的可能性太小），那么他们就会选择独自一个人去抓野兔，这样最起码不会两手空空回到营地。可是如此一来，整个狩猎团队就没有机会抓住鹿，也没有办法饱餐一顿了。

你来思考一下这个问题的实质：所有的猎人更愿意一起合作捕猎鹿，而不是单独一个人捕猎野兔。

每个猎人如果确定其他人都把注意力集中在捕猎鹿上，那么自己也会这样做（也就是说，如果大家都确定整个团队联合起来捕猎鹿，那么就没有人会去捕猎野兔了）。

能否抓住鹿说到底取决于猎人对抓住鹿这件事的乐观程度。

最后这一条凸显了"乐观效应"的胜利，同时也能看到悲观情绪所带来的邪恶力量。如果猎人们对捕到鹿这件事充满乐观，那就意味着他们当中的每一个人都认为没有人会放弃鹿而去捕猎野兔。如果是那样的话，就真的没有人放弃鹿而去捕猎野兔了，最后就真的抓住鹿了。可是反过来，倘若此时有少许悲观情绪影响到大家，譬如有些人认为团队中的其他人担心鹿逃跑，害怕其中最悲观的人会认为鹿抓不住，为了不再忍饥挨饿所以就去捕猎野兔了。这样，包围猎物的链条就被打破了，最终鹿溜走了……

这就是卢梭的寓言故事所反映的实质性道理：很多情况下，我们集体的努力是否能够获得成功，完全取决于我们这个团队、我们这个社会的心理乐观程度。如果我们相信会取得好的结果，那么我们就会为了实现这个目标而付出必要的努力，最终目标果真就实现了。反过来也是成立的：如果我们相信这个好的结果很难实现，那么我们就不会为实现这个目标而付出必需的努力，最后我们的目标没有实现，而悲观的预见反而成真了。

我为什么给你讲鹿和野兔的故事呢？因为这个故事有助于你理解

安德烈卖不掉房子与瓦西尔找不到工作这两种情况的不同点。

失业与悲观效应的可怕力量

你还记得否认失业现象的那些人吗？他们否认我的朋友瓦西尔是真正的失业者，因为他们认为工作与我朋友安德烈的房子没有什么不同：如果降低了劳动力的价格（工资），就能找到雇主来雇用他。但是，这些人的观点是错误的。因为他们根本不明白安德烈的房子与瓦西尔的工作完全是两码事。

如果一辆红色法拉利跑车降价到一千欧元，人们就会去买。适用于汽车的道理放在一个工程师所提供的服务上就不成立了；

比如中午菜市场上西红柿大减价，那么西红柿马上一抢而空。适用于西红柿的道理放在雇佣劳动者身上就不成立了。

瓦西尔的工作，或者推而广之，所有失业者的工作，与房子、法拉利跑车和西红柿到底有什么不同呢？这个问题的答案就藏在卢梭给我们讲的鹿和野兔的寓言故事里！

126

　　有人要安德烈的房子是为了居住，周末去帕特摩斯岛休闲、享受。因此总有人愿意出价购买，这体现了房子的情感价值，还有交换价值。如果以后还有很多人想购买，那么房子将来还可以变现。既然如此，只要安德烈的房子降价力度足够大，肯定能卖出去。同样的道理也适用于法拉利跑车：因为有人喜欢开（或他们看到别人都在开），所以只要车主要的价钱不是太高，总会有人去买。西红柿也是如此：只要西红柿没有腐烂，有人喜欢吃，那么大幅降价后就会一抢而空。

　　但是，这个道理却不适用于失业者瓦西尔的工作。没有雇主愿意出钱雇用他来工作。我们举一个例子，譬如玛利亚有一家生产冰箱的企业，这家企业也许可以雇用瓦西尔。玛利亚是否雇用瓦西尔完全取决于：如果雇了瓦西尔之后，通过劳动能生产出更多的冰箱，是否会有客户购买冰箱，而且每台冰箱所能卖出的价钱必须超过它的成本，这成本不仅包括瓦西尔的工资，还包括许多其他的支出（如原料、生产冰箱的配件、电费、电话费、公司的房租等）。

　　满足了上述这些条件玛丽亚才会雇用瓦西尔。可是满足这些条件又取决于什么呢？答案很简单：这取决于玛丽亚的预期，当企业开始生产

冰箱的时候，如果有买家已经准备购买冰箱，而且所支付的价格高于冰箱的成本，哪怕稍微高出一点儿，这样玛丽亚就不至于赔钱了。

玛丽亚为了生产更多的冰箱才雇用瓦西尔（当然还有其他像瓦西尔一样的失业人员），在她做出这样的决定之前你是否想过她的内心该有多么纠结啊。实际上玛丽亚根本不确定自己是否应该做出这样的决定。如果她雇用了失业人员，可是生产出的新冰箱却卖不出去（或被迫以低于成本的价格出售），那么她自己就亏本了。而另一方面，如果玛丽亚雇用了他们，生产出的冰箱非常畅销，价格也很好，那么她自己就赢利了。失业者也会感到相当满意，因为他们终于走出了失业困境，可以体面地赚到工资养活自己和家人了。

"我该怎么办呢？"玛丽亚忧心忡忡地思考着。"我应该雇用他们吗？"她犹豫了起来。"如果我亏损了怎么办呢？"她又陷入了沉思。在她努力挣扎着做出决定的时候，其实她心里十分明白她的冰箱是否能够卖出去完全取决于市场社会的总体经济形势。如果经济形势较好，生意兴旺，消费者对经济的预期持乐观态度，那么此时就会有很多人购买冰箱，以及其他商品。反之，如果经济形势较差，市场前景一片悲观，消费者就会因为害怕失业或危机而把钱存起来不去消费，那样的话玛丽亚的冰箱就滞销了，她将会损失好多钱，她的企业还有可能面临破产。

经济形势的好与坏又由什么来决定呢？玛丽亚的冰箱能否找到买家，卖上好价钱，企业能否生存下去到底取决于什么呢？取决于其他像玛丽亚一样的企业主是否认为经济形势不错。如果大多数企业主对经济形势都持乐观态度的话，他们就会增加投资、雇用新员工、添置新机器、购买新厂房。这样，工人们和供货商的收入就会跟着增加。而收入的增长势必拉动消费的增长，此时人们就会把钱消费在商店、超市、冰箱、立体音响上。因此，企业主们将看到市场社会实现了他们乐观的经济预期，他们投资的钱也都赚回来了。

可是反过来，如果企业主们对市场均抱悲观的态度，所有的企业都不愿意再雇用失业人员，那么此时经济活动将陷于停滞，所有雇用失业人员的老板都赔钱了，这样悲观的情绪将会蔓延到更多的企业主那里。

你瞧见了吧，为什么卢梭关于鹿和野兔的寓言故事这么重要呢？因为它反映了劳动力市场以及整个市场社会的实质性问题。如果猎人们对能否捕捉到鹿持悲观态度，那么这样做无异于自毁长城，最终

肯定抓不到鹿。同样的，当大多数企业主认为或担心"情况会变得更糟糕"的时候，失业、经济萧条和危机将会更加严重。反之，如果企业主们都变得乐观起来，那么他们的乐观将促使他们做出决定雇用像瓦西尔一样的失业者，也会带领整个市场社会朝着较好的形势发展，这同猎人们成功捕捉鹿而没有受到诱惑去单独捕猎野兔的道理如出一辙。

夜晚，玛丽亚在床上辗转反侧，思来想去，难以安眠。因为她陷入了两难的困境——到底是雇用瓦西尔这样的失业者还是不雇用呢？假设此时在玛丽亚最为难的时候，她从收音机里听到工会代表所有工人发出通知：他们准备将工资减半，降低50%或者更多，你觉得玛丽亚听到这个消息会是什么样的反应呢？

她是否会大声喊道："太好了！明天早上我就雇用瓦西尔和其他失业者，我们马上开始生产大量的新冰箱。"还是在思考着别的事情，比如说："的确，降低工资固然是一件令人欣喜的事情，这样我的生产成本也降低了。可是，工人们既然愿意减薪一半工作，由此可知目前的经济形势肯定是糟透了。即便有很多像我这样的企业主愿意以如此低廉的工资雇用他们，可是他们从哪里能挣到足够的钱来购买我的冰箱呢？"

正如捕鹿的猎人，像玛利亚这样的企业家也是按照集体的预期来行事的。如果一个团队（更准确地说是一个群体）充满乐观，那么这种乐观情绪就会自我维持、自我实现。反之如果他们充满悲观，那么这种悲观情绪也会自我维持、自我实现。

你知道这意味着什么吗？这意味着如果工人的工资减少，企业主们就会认为这是经济活动衰退的信号，因此就会裁减员工，更不会再雇用像瓦西尔那样的新员工了。

你看到了吧，工作与房子、汽车、西红柿这些商品从根本上来讲是完全不同的。因为劳动力的价格（即工资）如果降低了，那么市场上对劳动力的需求也会随之减少（而不是增加）。

 ## 具有魔力的两种商品：劳动力和货币

历史上严重的经济危机，比如1929年爆发的经济大萧条，还有离我们最近的2008年席卷全世界的金融海啸，让我们明白了一件事情：

有两个幽灵始终困扰着市场社会。它们分别隐藏在两个十分重要的市场上，其中一个藏在**劳动力**市场上，另外一个藏在**货币**市场上。

刚才我们所看到的劳动力市场上的幽灵，就是迫使玛利亚在劳动力价格降低时，随意解雇冰箱厂工人的可怕力量！劳动力市场与西红柿、房产、冰箱和汽车市场截然相反，在这个市场上，只要"价格"（工资）降低，那么作为购卖方的雇主所需要的劳动力"数量"就会大跌。因此，只有幽灵在劳动市场上才能办到这样的事！

但并不是只有劳动市场有这样的幽灵，还有另外一个：货币市场。"货币市场？"我听到你问我这个问题。这是什么？谁来买卖货币呀？实际上在货币市场上没有人从事买卖货币的活动，只不过是借贷而已。正如劳动市场上，工人不是出卖自己的劳动力而是把它租借给时间一样。为什么要借贷出去呢？因为这样才能获得利息呀。

当然，正如我们在前面几章中所讲到的，银行家们穿越"时间之轴"从未来借取大笔资金，然后再把这些钱贷给像玛利亚一样的企业主们，从中收取利息。但是问题的关键是这些企业主必须愿意贷款才行，这样他们才能雇用工人、购买机器、开始生产，以此增加社会的总收入，促进就业和社会全面繁荣。这就是你可能听他们说过的：企业主贷款促进"投资",而投资又促进社会"发展"。

如果我们认为玛利亚从银行借来的钱是一种商品,与西红柿无异,那么我们将会陷入这样的思维陷阱里:钱的价格越低,玛利亚贷款就会贷得越多(正如购买西红柿一样,越便宜就买得越多)。那贷款的价格是什么呢?是利率,因为利率越高,贷款成本(即玛利亚应付给银行的利息)也越高。

可是,我们已经知道在劳动市场上玛利亚是否雇用更多的劳动力并不是完全由劳动力的价格(工资)所决定的。我们发现在经济衰退之时,玛利亚如果听说工资下降,反而会解雇工人。同样的道理也适用于货币市场:如果听到利率(贷款的价格)下调的消息,玛利亚很可能会减少贷款,而不会增加贷款!为什么呢?

因为玛利亚知道只有当经济形势好转之时,她从银行贷款,然后投资生产冰箱才是合算的。而经济形势的转好,仅仅依靠玛利亚自己投资是不够的,还需要千千万万企业主共同投资才行。特别是那些大公司成为小"玩家"竞相模仿的对象。他们(小"玩家")往往像"引水鱼"一样跟随在大鲨鱼(大公司)后面,希望能分到一些"残羹剩饭"。实际上,大公司掀起的一波投资浪潮势必会增加整个社会

的劳动力需求和资金需求。可是，大公司投资的意向又由什么来决定呢？答案是：乐观！

让我们重新回到鹿和野兔这个故事。卢梭所假设的狩猎队和市场社会中的企业主十分相似，只要大家都保持乐观，就会把借贷而来的资金投资到劳动力和机器上面，这样就促进了生产和经济的全面发展。那为什么降低劳动力和货币的价格（工资和利率）反而会加重经济危机，增加失业，引起企业主贷款缩减呢？因为，比如说玛利亚听说国家要降息或者工人们愿意调低工资，她就会对当前整个经济发展的形势表现出悲观的情绪。她会这样考虑："国家和银行家纷纷下调利率，预计经济形势已经糟糕透了。工人们为了一丝微薄的收入竟然愿意减薪工作，可即便他们找到了工作，也没钱消费啊。这样的话，我生产的东西卖给谁呀。"玛利亚的这种悲观态度也会影响到其他企业主。最终，下调工资与利率将会导致大规模失业、投资萎缩和危机不断加深。

现在你明白了吧，为什么我说那些认为真正失业者是不存在的观点是完全错误的。还有以为适用于安德烈房子的规则同样也适用于瓦西尔的工作，这种认识为什么也是错误的。为什么我说在两个主要的市场上，即货币市场和劳动力市场上，存在着如魔鬼一般的疯狂力量使市场社会一次又一次陷入危机之中。

劳动力市场和货币市场的俄狄浦斯效应

你听说过索福克勒斯的著名悲剧《俄狄浦斯王》吗？该剧取材于希腊神话，讲述了俄狄浦斯在毫不知情的情况下，杀死自己的亲生父亲——底比斯国王，又在毫不知情的情况下娶了自己的母亲为妻的故事。这个故事所阐释的主要内容就是**预言的效力**。

让我来解释一下：底比斯的国王拉伊俄斯得知妻子俄卡斯达怀孕了，于是便请求神谕，想预测一下孩子以后的命运如何。神谕的内容令人毛骨悚然，它告诉拉伊俄斯将会被自己的儿子，也就是俄卡斯达腹中所怀的这个孩子亲手杀死。拉伊俄斯听到这个神谕惊恐万分，于是命令俄卡斯达在诞下这个孩子之后立即把他杀掉。可是俄卡斯达不忍心杀死自己的亲生儿子，于是就把孩子交给了自己的仆人让他替自己动手。但仆人也没有勇气杀死一个尚在襁褓之中无依无靠的婴

儿。所以他就把孩子遗弃在山林里，任其自然死亡，要么冻死，要么饿死。正好有一位牧羊人路过发现了小俄狄浦斯，就把他带到了科林斯。科林斯国王膝下无子便收养了俄狄浦斯。

多年以后，俄狄浦斯无意中得知科林斯国王不是自己的亲生父亲，于是他去请求神谕，想询问一下自己的身世之谜。这次神谕的内容更是令人毛骨悚然："你将会娶自己的母亲为妻。"神谕如是说。俄狄浦斯惊恐万分，决定远离科林斯，逃脱可怕命运的纠缠。当他走到底比斯城郊外时，在一个十字路口意外地遇到了国王拉伊俄斯。他们两人因为谁先经过这个路口发生了争执。在争执中，拉伊俄斯被自己的儿子亲手杀死。这样，第一个可怕的预言应验了。

后来，俄狄浦斯成功地猜出怪物斯芬克司的谜语，解救了底比斯的百姓，因此成了底比斯的新国王。根据当时的习俗，他必须娶老国王的遗孀——他的母亲俄卡斯达为妻，他也照此执行了，这样第二个预言也应验了。

这个神话同劳动市场和货币市场有什么关系呢？关系密切着呢！你思考一下：如果不存在第一个预言的话，俄狄浦斯就永远不会杀死拉伊俄斯，那么第一个预言也就不会应验了！难道不是这样吗？没有第一个预言，拉伊俄斯就不会恐惧惊慌下令杀死自己的儿子，他的儿子就会在底比斯的王宫中长大成人，认识自己的父亲，肯定不会将其杀死。同样的，第二个神谕亦是如此：如果神谕没有预言俄狄浦斯会娶自己的母亲为妻，那么他就不会离开科林斯，杀死自己的父亲，卷入底比斯城的事务，将其臣民从斯芬克司的祸害之中拯救出来，当然他也就不会娶自己的母亲了。

经济危机之时，同样的事情也会发生在劳动力市场和货币市场上：当玛利亚和其他企业主"预言"危机将会持续下去，经济活动低迷不振，他们不愿意借钱来雇用更多的工人之时，这个预言真的就应验了。当危机导致劳动力价格和货币价格（工资和利率）降低之时，就业和投资非但没有因此而增长，反而朝着相反的方向发展。究其原因，皆是因为降价滋生了恶性循环的悲观情绪。

🦋从猎鹿到俄狄浦斯、浮士德再到否认失业的人

劳动力和资金是市场社会驱动经济发展不可或缺的两个轮子。同

时它们又像幽灵一般寄居在这架驱动机上。为什么它们不能像其他商品（比如西红柿、电动机、原料等）一样按照正常的模式运转呢？因为它们与其他商品之间具有根本的差别。简单地讲，没有一个企业主真心愿意要它们！

实际上，企业主既讨厌雇用工人，也厌恶贷款。没有一个企业主愿意欠债。每一个雇主从心底里都梦想着有一天技术能够足够发达，使他们再也不需要雇用工人了，取而代之的是那些顺从的机器人，这样就再也没有抱怨、没有罢工、没有伤病了。如果这个梦想真能实现的话，那么他们就不会雇用工人了，也不会去贷款了。这倒不是因为成本的问题，而是因为劳动力和资本与电流完全不同（你购买了电就不需要与供电商有太多联系了），它迫使企业主必须与社会保持一种关系，与工人和银行家建立起一种权力关系，而这种关系企业主并不愿意维持。

从这个意义上讲，贷款和雇用工人对于企业主而言并不是什么好东西，只不过为了赢利不得已而为之罢了。可是，只有未来的商品需求旺盛的时候，利润才能存在。正如卢梭所讲的猎人们，只有当他们都保持乐观，认为一定能捕到鹿，他们才会全力以赴。同理，只有企业主们都保持乐观，相信大多数企业主都是乐观的，这时企业主才会愿意贷款投资，购买劳动力和机器。

反之，如果他们较为悲观，那么悲观的预言便会成真，如果此时减少工资和降低利率，那么反而会使经济形势雪上加霜，因为企业主知道未来商品的需求量会进一步缩小（虽然生产成本降低了，他们却没有因此而变得乐观）。这种情况与拉伊奥斯、俄狄浦斯的故事如出一辙：经济危机的时候，悲观的预言往往会自己应验。

最终导致的结果是：失业者同浮士德一样，无论怎么降低价格，他都无法说服麦菲斯特购买自己的灵魂。这与那些拒绝承认失业的人的激动人心的想法完全相悖，绝不是他们所说的只要降低了工资，真正愿意工作的人就能找到工作。

第七章

愚蠢的病毒

狂妄自大的病毒

如果从人类三大神教——犹太教、基督教、伊斯兰教的教义来判断，你会很容易地得出这样的结论：我们人类是多么的骄傲自大啊。我们非常乐于相信：我们是按照完美的、独一无二的上帝的形象被创造出来的；我们是半神、地球的主人、唯一拥有理性天赋的哺乳动物；我们可以随意按照我们的需求来改造环境，而不是相反，像其他物种一样被迫地适应环境。

因此，当我们人类创造的一个机器人转过身来，如同"特工史密斯"那样（上文提到过的电影《黑客帝国》中与尼奥对话的那个机器人）与我们畅谈一番后，我们会感到茫然不知所措。你是否还记得他所说的话？我在第五章结尾部分曾经提到过：

　　"在这个地球上每一种哺乳动物都本能地与它生存的环境保持着自然的平衡，但是只有你们人类例外。在地球上还有一种生物和你们行为方式一样，你知道是什么吗？病毒。你们人类就像地球上的一种疾病、一个肿瘤。你们就是一种传染病，而我们机器人就是来治愈这种疾病的。"

　　糟糕的是，"特工史密斯"不幸言中了——当然我的意思不是说他对我们有多么仁慈——其实我们人类要比很多病毒更坏，因为有些病毒至少不会杀死它们所寄宿的有机体。可是我们呢，只要环顾一下周围，看一看我们的自然环境，就会清楚地发现凡人类所到之处没有不遭受破坏的地方。

　　从市场社会诞生的那个时候起到目前为止，我们已经毁掉了地球上三分之二的森林资源，我们制造的酸雨污染了湖泊，我们阻断河道致使河流干涸，我们还造成了海洋酸度增加，土壤严重腐蚀，动植物灭绝……至此，我们唯一赖以生存的自然环境遭到严重破坏，生态平衡被彻底打破。似乎远不止于此，我们还制造了越来越多的温室气体（如二氧化碳和甲烷），这些气体造成全球气候变暖，两极冰川融化，海平面上升，全球气候异常，整个人类面临前所未有的生存危机。因此，如果说"特工史密斯"的话是正确的，谁又能提出异议呢？我们不就像埃博拉病毒一样吗，通过迅速杀死寄主器官最终招致自我毁灭。

你肯定会说，"特工史密斯"这样的人物在现实中是不存在的。他是剧作家想象的产物，是为了努力唤醒我们大家的意识而特意安排的。与浮士德博士和弗兰肯斯坦博士的情况一样，克里斯托弗·马洛和玛丽·雪莱创作这些科幻故事是为了警示我们市场社会在诞生初期就已经给世界造成了许多灾难。这些警示通过文学、艺术、电影等形式来证明也许人类仍然有希望战胜自己，最终不会成为危害地球的传染病、肿瘤和病毒。

病毒、恶性肿瘤、细菌没有意识，而我们拥有意识。这也是我们打败"特工史密斯"预言的制胜法宝。为此，我们必须奋起斗争，以批判的态度来面对我们最重要的且极具生态破坏力的创造物——市场社会，它已渐渐地变成我们的主人，同时也成为地球最强劲的敌人。

交换价值与地球

当交换价值战胜情感价值之后，市场社会就出现了。这在本书第二章中已经讲过了。我们还发现，这场"伟大的胜利"同时还创造了数之不尽的财富和难以言表的痛苦。此外，社会机械化大生产逐步确立起来，人类在创造大量产品的同时，也把自己变成了机器的仆人，而不是主人。现在，我们该来看一看交换价值的完全胜利是怎样把地球带入生态崩溃的轨道的，以及为什么会出现这个问题。

一年夏天，在埃伊那岛我们家的上空，有三架消防飞机突然经过，开往伯罗奔尼撒半岛。我们朝着飞机的方向，远远望去：滚滚黑烟宛如灵蛇从帕尔诺那山腾空而起，太阳渐渐地失去了光彩，顿时一幅奇异的、不自然的落日景象映入眼帘。我们不用等待新闻就已知晓我们眼前一定发生了可怕的灾难。

可是你知道吗，这场灾难增加了我们社会的交换价值。若从交换价值的层面来看，以社会交换价值总量来计算，大火不但没有减少反而增加了我们社会的财富。我知道你一定会说，这听起来也未免太过荒唐了吧！可是事实确实如此：首先，被烧掉的树木没有任何交换价值！同样的还有猫头鹰、野兔，以及在其他在森林中栖息的动植物。因此，不管烧毁了多少树木，景象到底有多么惨烈，也不管有多少小动物葬身火海，总之，交换价值没有丝毫损失。即便房子烧毁了，其交换价值也不会受到重大损失，因为房子有保险，此外国家也会帮助房主重建家园。至于村民们的回忆，比如曾经生活过的美丽森林、被大火烧掉的祖母的照片等，这些东西统统没有交换价值，"仅仅只有"情感价值而已。

相反，从我们家屋顶飞过的消防飞机所使用的航空汽油却有不菲的交换价值。这部分价值将增加到油料运输商的收入中去。为了防止我们的情感价值遭受损失，迅速赶去扑灭森林大火的消防车也消耗了不少汽油，同样它也具有交换价值。火灾过后，我们开始重建家园，重修被烧毁的高压输电线路，此时用于支付工人的工资和材料的成本都源于大火所带来的交换价值，这部分价值将增加到国民收入中去。

至此，相信你已经开始注意到问题的本质了：市场社会唯一重视的就是交换价值，因此在与情感价值的较量中，交换价值不断凌驾于情感价值之上。这样自然而然地，人们创造交换价值的活动就会不断

增强，而创造情感价值的活动就会不断减弱。我们以体育运动为例，过去体育运动给我们带来的是什么呢？球类竞技活动的喜悦，奥运赛场上胜利的荣耀，以及体育锻炼所收获的健康。可是，随着优异的比赛成绩和奖牌开始获得交换价值，体育运动也被商品化了——正如18世纪英国的劳动力和土地被商品化一样。

如今，电视已成功"捕获"了观众们的注意力。于是电视台把这宝贵的商机"贩卖"给了广告商，他们"趁机"向观看体育比赛的观众推销各种各样的商品——从汽车到汉堡包。因此，奥运会的一块金牌或是世界杯的一记射门，它们所包含的交换价值完全取决于广告主卖给观众的汽车和汉堡包的交换价值——这一点同18世纪的情况毫无二致：当时，一公顷土地的交换价值取决于这一公顷土地上供养的绵羊所产出的羊毛的交换价值。

此外，体育运动的商品化、交换价值的胜利还导致了另外一个结果，那就是其情感价值被低估，因为冠军运动员为了实现交换价值的最大化，就不得不被迫从事一些有损运动快乐和身体健康的事情。譬如负伤参加比赛、服用违禁药物，这些药物从长远来看将严重损害他们的健康。总之，凡是能够吸引观众眼球的东西，能够使观众轻易

"上钩"的东西，全都获得了交换价值，而对人类至关重要的情感价值却被无情扼杀了。

随着交换价值"进军"电视荧屏，奥林匹克运动会俨然变成了古罗马的竞技场，各大制药公司在那里竞相拼杀（他们生产的药品把一个个运动员都变成了超人）。总之，这样做有悖于我们的文化，因为它（如同真人秀节目）完全是为了吸引观众的眼球，而不会在乎我们的感受。正如澳大利亚一位娱乐和资讯业的传媒大亨鲁伯特·默多克曾经说过的一句至理名言："如果你低估了你的观众的智商，那么你永远不会损失金钱！"其实他这句话真正的含义是：**你要把你产品的交换价值最大化，这样才有助于你降低情感价值。**

但是，真正可怕的悲剧发生在自然界。在那里交换价值的胜利不仅仅降低了我们的文明程度，而且破坏了赐予我们生命权的地球。倘如在太空飞船里宇航员把自己的氧气给污染了，那该有多"聪明"啊？我们人类恰恰就是这样做的。从三百年前市场社会出现的那一刻起，交换价值不断超越情感价值，利润也获取了唯一的、绝对的权力，最终战胜了人类的灵魂和行为。从此人类的行为方式发生了巨大变化。

私人，也被称为蠢货①

人类，与所有猎食性动物一样，只要自己有需求，就有毁掉整个整个生物群落的趋势。今天在复活节岛上只有巨型石像留存了下来，而抛弃他们的原住民早已经消失得无影无踪了。这些居民由于滥砍滥伐树木，造成岛上水土流失严重，最后接踵而来的大饥荒导致他们全部灭绝。

虽然如此，这样的事例——人类的行为如同愚蠢的病毒一般——在市场社会确立之前的人类历史中并不多见，鲜有听闻。如果把"特工史密斯"对人类的控诉放在工业革命之前，即交换价值尚未完全战胜情感价值的时候，那么他的话会被认为是毫无根据的谬论。我们不妨以澳大利亚土著人为例，关于他们的故事我们在第一章最开始的时候已经讲述过了。实际上，当地的土著人在英国殖民者到来之前的数千年里，猎杀了几乎所有的大型哺乳动物。可是，他们成功找到了与

---

① 英语单词"idiot"意思为"蠢货、白痴"，这个词来源于希腊语"ιδιώτης"，原意为"私人"，详见下文。——译者注

大自然和谐相处的一种平衡关系，通过保护森林植被，限制每天捕鱼的数量，这样他们不需要太过疲惫就能生活得很好，同时还永久保存了自然资源（鱼、鸟、植物），免遭破坏。

可是，英国殖民者到来之后，抢占了他们的土地，并按照市场社会的严苛"法则"来经营土地，结果不到一百年时间四分之三的森林被毁掉了。如今澳大利亚，由于过度开采矿山和集约化种植造成土地腐蚀变质，河床干涸、盐化造成环境破坏严重，澳大利亚北部的珊瑚礁面积也在不断减小。正如欧洲、北美的市场社会一样，只要他们一直把交换价值奉为圭臬，那么地球迟早会毁灭。

为什么会这样呢？前面森林大火的例子已经充分说明我们生活的社会竟公然漠视自然环境的价值。如果一棵树或一种微生物没有任何交换价值，我们的社会（仅仅按照市场机制进行评估）就会表现出如无其事的样子，哪怕对生命有无限价值的财富，似乎对他们来说也毫无价值可言。

让我们再举一个简单的例子吧。这个例子可以看作是对森林大火那个事例的补充。假设有一条河里生活着鳟鱼，如果我们把它们全都捕捞上来，那么鳟鱼就永远灭绝了。如果我们一点一点地捕捞，鳟

鱼就可以永远存活下来，因为它会年复一年不断繁殖下去。以往每一个群体捕鱼都有自己的风俗习惯，他们清楚河流的生态平衡是十分脆弱的，所以不会赶尽杀绝。可是现在呢，人们开始按照市场社会的规则，为了获取交换价值和利润，他们会怎么做呢？

比方说每条鳟鱼的交换价值是五欧元。如果每一个渔夫都奉行利润至上的原则，每天不断地捕鱼直到捕尽最后一条鱼为止，这条鱼他所花的"成本"与其交换价值相比要略微高一些。那么他所花的成本是什么呢？他捕鱼所花费的时间的交换价值就是他的成本。假设他捕鱼每过一个小时"损失"十欧元，这个钱正好是他在隔壁工厂的劳动报酬。这样，只要他每小时至少能捕到两条鳟鱼，那么对他来说就比在工厂工作要划算了。

凡是捕过鱼的人都有这样的经验：你所能捕到的鱼的数量同捕鱼的人数成反比，同每个人捕鱼的强度成反比。简单地讲，假如河里只有你一个人捕鱼，那么你在第一个半小时内就能很容易地抓住好多鳟鱼。你只需把渔网撒到水里，马上就能逮到五六条鳟鱼。可是你捕捞的越多，之后再想捕到鱼可就没有那么容易了，因为它的数量在不断减少，而捕鱼的人数却在不断地增多。

在过去，人们是一个捕鱼的群体，大家集体劳动。人们可以协商一致：每天每人捕鱼的时间只有一个小时，这样能捕捞到二百条鳟鱼，然后大家一起分配。可是在市场社会中，每个人单独行动，一个小企业和其他所有的企业一起来竞争。这样大家分开，各自为政，不停地捕鱼，直到每小时捕到的鱼小于两条为止（你还记得吧，当每条鳟鱼的交换价值为五欧元的时候，一个小时的劳动成本是十欧元。因此只要每小时捕获至少两条鳟鱼，他的利润就算增长了）。可是这样就意味着每个渔夫每天捕鱼的时间不再是一个小时，而是十个小时。

起初，由于渔夫们的拼搏努力，鳟鱼总的捕获量还是很可观的。可是没过多久，河里的鳟鱼开始变得越来越稀少。很快地，河里就不剩几条鳟鱼了。虽然有这么多人花费了这么多时间捕鱼，可是最后捕到的鳟鱼还不足二百条。你看看这样做多么愚蠢啊！如果每人每天平均捕鱼的时间只有一个小时，那么就能捕到二百条鳟鱼，而且最重要的是这样河里就会有源源不断的鳟鱼，足以保证人们每天的捕捞量。可是现在呢，渔夫们为了各自的利润每天无节制地超时捕鱼，导致鳟鱼数量大幅减少，濒临灭绝。最后他们自己的利润也化为无有了！

如果我们毫无怨言默默接受了市场社会的经济法则，并把它们奉为金科玉律，那就必然会遭受损失。我们的下场将会沦落至和浮士德博士或弗兰肯斯坦博士一般凄惨（想一想前面的故事），甚至还会重蹈复活节岛原住民的覆辙，不过这次灾难波及的范围要大多了——是在全球范围内。

捕捞鳟鱼的事例只不过是冰山一角罢了。正如这个例子当中的渔夫，他们从私人的利益出发不断打捞鳟鱼，直到河里的鳟鱼灭绝为止。现实中的工厂企业亦是如此，他们也是从私人的利益出发导致环境污染（因为环境污染对于企业来讲没有负交换价值）。同样，为了私人的利益还有驾驶汽车如流水一般涌入城市大街小巷的司机，滥伐树木、建造楼房以此来获取巨额交换价值的房屋开发商，以及不断向大气中排放二氧化碳要把地球变成大火炉的全体人类。

在古希腊，凡是拒绝从集体和公众的利益出发来考虑问题的人，都会被称为"私人"。古人还常常这样讲："诗人追求节律，而私人却不懂节制。"[1]18世纪英国一些崇拜古希腊的学者，赋予

---

[1] 此句使用了双关的修辞手法，希腊语"μέτρο"（metre）既有"韵律、节律"的意思，也有"节制、适度"的意思。——译者注

"私人"（ιδιώτης）这个词以新的含义，即现代英语中"蠢货"的意思（idiot）。① 从这个角度来看，市场社会把我们都变成了"私人""蠢货"和毁灭地球的"愚蠢病毒"。就像那些宇航员一样，污染了自己太空飞船中的氧气还以为这样做对他们有利。

私人的利益与地球的利益可以调和吗？

当然可以啦！澳大利亚的土著民一直以来合作融洽，不论是捕鱼，还是狩猎，他们都从不贪多，这样细水长流，食物源源不断。他们在空暇的时间里可以参加宗教仪式，讲述梦幻般的神话故事等。不管是从个人角度，还是从整个族群角度，他们都愿意与大自然和谐相处，而且也成功做到了。

当然，市场社会形成之前的欧洲亦是如此。虽然当时欧洲的人口

---

① 英语单词"idiot"源自希腊语"ιδιώτης"，本意为"私人、不任公职者"，即所谓的"平头百姓"，后来渐渐地产生出"普通人、非专业人士、无专业技能的人"的含义。到了法语后，歧视色彩进一步加强，词义变成了"未受教育的人、无知者"。到了现代英语中，则直接等同于"笨蛋、蠢货"。——译者注

要比澳洲土著人口多，但是人们还是为大自然的存续和发展留下了空间。地球遭到真正意义上的破坏其实是从所有的东西都被商品化以后才开始的，伴随着土地的私有化，交换价值战胜情感价值，以及私人利益凌驾于集体利益之上，生态危机也愈演愈烈。如果我们愿意拯救地球，那就要找到一个明智的办法来重新恢复人类集体协作与决策的能力，不要再"自行其是"了。

其中，一个解决的办法就是规定某些东西不能按照其交换价值，通过市场来进行买卖。譬如，我们可以规定每天人们捕捞鳟鱼的时间不能超过一个小时；或者规定森林是我们大家不可估量的财富，不能按照其交换价值随意买卖，而由国家统一保护。不过，这样做最大的问题是：如何才能把集体的责任与市场社会的利益协调起来呢？因为在市场社会里，机器需要不停地运转才能创造出源源不断的交换价值，以此来实现私营企业主的利益，而这群人只占很小一部分而已。

这个问题的答案取决于每个人的切身利益。如果你不是一个机器和土地的所有者，你一定会不假思索随口说出："解决问题的办法在于结束垄断，结束少数人对机器的单独占有，不能让他们做主，随意决定如何来激发地球的生产力。"当然限制垄断有很多方法，比方说：限制污染，限制土地耕作的强度，限制在海洋和河流中捕鱼，限制天然气生产，以免增加温室气体排放导致全球变暖等。另外，还有其他的干预措施：譬如重新分配土地、原料、机器的所用权，这样所有者和经营者就不再是完全意义上的"私人占有者"了，而成为具有集体意识的人群了，他们会明白人类的行为不仅是在毁坏地球，同时也是在毁灭自己。

可是另一方面，如果你属于那些占有大份额土地和机器的少数群体，那么你肯定不愿意接受上面的做法，因为实施这些措施，意味着你将会逐渐丧失财富和权力。也许你会主张："若要限制污染和无节制地开采自然资源，需由国家出面进行干预。"可是国家又是什么呢？它所代表的真的是我们集体的利益吗？"不是！"你会大喝一声来否认。"国家代表的是那些管理国家的人、政客们和官僚们的利益——他们的利益绝不会同大多数人民或全世界的利益相一致。"你这样说，是因为你想竭力避免"自己的"财产被没收充公。如果又有人问你："那么你有什么建议来拯救地球呢？"你会这样回答："请大家多多购买！"

为了牢牢掌控土地和机器的"所有权"，哪怕一项权利也不让渡

给大多数人，你会说：

"市场社会之所以没有能够管理好地球上的自然资源，究其原因是这些资源仅仅具备情感价值，而没有任何交换价值。譬如被大火烧毁的美丽森林，它本身不属于任何人所有，因为森林是大家的共同财富。因此没有人可以从它那里获取交换价值，也无法赚钱。我们作为市场社会的成员，没有恰当地对其进行估价。同样，还有河里的鳟鱼：因为它不属于任何人，所以每个渔夫想捕捞多少就捕捞多少，结果造成河里的鳟鱼全部灭绝了。我们的大气层亦是如此：它不属于任何人，所以人们就随意破坏，结果造成大气污染。如果让国家去管理所有的资源也行不通，因为国家是由政客和官僚掌控的，我们对他们根本不信任。所以我向你们提议，把所有的资源，包括森林、河流、空气等，统统交给我！你们看一看我会把它管理得井井有条！"

这些想法听起来未免有些异想天开、匪夷所思：一个人竟然向社会提议把几乎全世界的所有权交给他。这个提议的糟糕之处在于从逻辑上讲它根本无懈可击。事实上，如果一条河归你所有，当然也包括河里游的鳟鱼都归你所有，那么你就会不惜一切代价来保护它。你可以在入口处收钱，这样凡是来捕鱼的人都要交钱；如果有人胆敢违反你的规定，你还可以对他们处以罚款。同样的做法也适用于大气和森林。如果它们归你单独所有，你就可以收取使用费（比如排放污染物的工厂需要付钱，到"你的"森林里野餐的家庭需要"买票进入"等）。这样，自然资源的使用将会趋于合理、适度，地球的负担也减轻了。

当然这里还有一个大问题：这种做法与封建社会有什么区别呢？我们知道在封建时代，土地连同动物、植物和生活在土地上的居民都属于封建君主。而事实上，在市场社会出现以前的很长一段时间里大自然从来没有遭受到今天这般程度的破坏。没错，这难道意味着我们为了拯救地球，就必须重新恢复封建社会，重新恢复一个人的专制统治吗？显然不是。于是，那些无论如何也不愿意让国家夺走土地和资源使用权的人又想到了一个办法：他们不再把河流、森林、大气交给一个人单独所有，而是把它们进行"分割"，分成一份一份的，通过专门"创建"的市场，出售给成千上万自愿购买的人。

可是，如何把一片森林或者地球的大气层分割成"一份一份"呢？答案是：如果发行N份股票，那么每一股份就代表着N分之一河流、森林或大气的所有权。于是，森林、河流乃至整个自然突然之

间拥有了许多所有者，同时它们也获得了交换价值（等于N份股票的货币价值）。这样我们就无须拥立一位君主把大自然的所有权交给他了，此时所有权人同持股人数一样多。

简言之，这个提议是要找到一个聪明的法子为自然资源建立市场，通过这个市场实现交换价值的完全胜利，因为这样的话，即便是我们呼吸的氧气也获得了价格，这样就可以保护氧气免遭破坏，从此人们再也不能像随便处置免费品一样浪费氧气了。

"废物"购买

市场社会建立在商品交换价值的基础之上，这些商品有棉花、羊毛、食盐、煤炭、钢铁、食物……无论一颗钻石或一个西红柿的情感价值与交换价值如何割裂，至少我们知道这两种价值都是正值。因为只要有人喜欢钻石和西红柿，那么其价格即为正值。

为了拯救地球，我们必须把空气、河流、森林统统私有化，来扩张交换价值的"地盘"。持上述论点的人难免会遭遇这样一个技术性难题：一种废物、坏的东西，譬如工厂排放的毒气、汽车的尾气等，如何获得正向的交换价值呢？谁愿意购买对自己有害的东西呢？如果人们都不愿意买，那怎样才能建立一个市场来规定污染物的交换价值呢？一般来说，这些东西的交换价值，即它们的价格为负值，在这种情况下，只有别人付给你钱，你才会去购买。如果你把引起温室效应，导致全球气候变暖的二氧化碳"据为己有"，社会就要补偿你的损失。从这个角度来看，我们会发现排放到大气中的甲烷或二氧化碳气体，没有人愿意购买这些东西的股份，除非有人倒贴钱给你。

废物获得交换价值的唯一途径是通过国家的干预措施把这些污染物的价值反转过来：把它从负值变成正值。如果国家给每个人排放废气的权利，比方说每人可以向大气中排放 X 千克的废气，而且还可以把这个权利转卖给排放需求大于 X 千克废气的人，这样我们实际上就创建了一个"废气"市场。在这个市场上，生产汽车、能源的企业，如果需要向大气中排放废气，就可以从我们这里购买废气排放权，这样废气也可以定价了，排污的企业只要像支付其他成本（工资、原料等）那样付钱就行了。

乍听起来不错，是个聪明的法子。可是细细琢磨还是有问题。问

题出在哪儿呢？首先，这种做法根本无济于事，因为我们寻求市场的方法来解决污染问题的缘由是因为有些人不信任国家。而现在要解决这个问题恰恰需要国家不断干预，否则怎么才保证企业自觉购买废气排放权呢？比如米措斯先生的公司，或是你，谁来监督你们履行义务从污染量较少的人手中自觉购买废气排放权呢？只有国家才有能力监管我们每个人、每个企业、每个农民、每个渔夫、每个工厂、每列火车、每辆汽车。此外，每人所允许的X千克污染排放量又由谁来决定呢？当然还是由国家来决定。因此，一些人主张对大气、河流、森林完全私有化的做法，其意图并不是针对国家！其实他们真正反对的只不过是那种剥夺其所有权的国家干预，而对于增加其所有权的国家干预措施他们是支持的。

唯一的解决办法：以民主来对抗交换价值

我向你保证过：在本书中我只谈论经济问题，其他话题与我的初衷相悖，我不愿意过多涉足，以免你感到厌烦。因此，书中我没有讨论政治、民主等内容。可是在这一小节中，我不得不简要地谈及一下民主的思想。原因很简单。

我们已经看到，要想拯救地球使其免受市场社会的破坏，就必须依靠国家的力量。不论是让国家代表全体公民管理自然资源，以防止市场、私营者以及我们自己毫无节制地浪费和犯罪，还是要建立一个人为的"废物"市场，将自然资源私有化，然后把私人所有权按其股份比例分配给持股人，这些都需要国家的干预。

但是，把"公共"的资源私有化将会带来双重问题：首先，技术上难以操作。国家怎么能够预先做出明智的决定，判断到底每个人允许排放多少污染物才是最优的数量呢？这个人为的市场如何给某一具体的污染物确定价格，促使企业和公民为了人类和地球的福祉改进自身行为呢？这样做不太现实。建立市场不是用来经营废物买卖，而是经营正常的商品买卖，只有这样市场才有望健康运转（当然也并不是永远如此，我们在前面的章节中讲过的劳动力市场和货币市场例外）。因此，较为理智的做法是要求国家制定相关的法律法规和限制性措施来保护脆弱的地球资源。如此简单而已。

关于自然资源的私有化还涉及另外一个问题，这个问题与民主问

题直接相关。让我来解释一下：不管在市场上还是在民主政体内部都是通过投票来决定的。当你去买冰激凌的时候，就好似在为某一个品牌、某一种类型的冰激凌投票。如果没有人买，公司就会停止生产。如果像你一样的很多孩子都用欧元"投票"购买某种冰激凌，显然它的产量就会随之增加。选举的情况亦是如此：一个政党或公投时的某种观点获得的选票越多，那么它在政治舞台上所占的优势也就越大。

有什么不同吗？不同点是：在民主政体中每个人仅有一张唯一的选票，这保障了大家拥有平等的发言权；可在市场上每个人拥有的选票数取决于他的财富多寡。一个人拥有的欧元、美元、英镑、日元越多，他在市场上的意见就越有分量。举个例子吧，在一家股份有限公司里你所占的股权达到51%，那你一个人就赢得了绝对多数票，你就成为这家公司的独一无二的领导者。你看，这就是为什么世界上的强者、有产者和富人们主张自然资源私有化的原因：因为他们有能力购买绝大部分股权，独自一人来决定地球的未来。

也许你会说："这有什么关系呢？反正我们生活在同一个星球上。为什么富人们不希望地球这艘太空飞船有所改善呢？既然我们都是这艘飞船的乘客。"要回答这个问题，我们先来看一个例子：假设

164

我们人类正处在一个两难选择的困境之中，要么积极减少温室气体的排放，要么任由冰山融化，海平面上升，导致沿海低地国家大量居民无家可归，譬如孟加拉国、马尔代夫群岛等。此时，假设我们也已经完成了对大气的私有化改造。对于那些温室气体的股份所有者而言，减少温室气体排放的成本要远远高于在一处不会被海水淹没的高地上重购一套别墅的成本。那么此时你可想而知，作为拥有最终决定权的大股东，而不是拥有一张选票的普通公民，他们会如何选择呢？他们没有任何理由同意减排温室气体，即便大量房子和农田被海水淹没，数以亿计的同胞流离失所，他们也不会决定减排温室气体。

现在你明白了吧，为什么我坚持认为股份制"选票"永远无法做到像公民平等发言权那样保护地球。尽管我们的民主制度不尽完善，腐败滋生，甚至经常令人厌恶，致使弱者的利益不能得到有效保障，脆弱的环境遭到严重破坏。但不容辩驳的是民主制度依然是我们防止自己堕落成愚蠢病毒的唯一有效机制，也是打破"特工史密斯"预言的唯一希望。

第八章

货币

战俘与套利

第二次世界大战期间，德国当局仅仅优待来自西方国家的战俘。他们可以对斯拉夫军人、吉卜赛人、犹太人肆意杀戮，而对于英国、加拿大、美国和法国的战俘却较为尊重，恪守《日内瓦公约》的精神和相关规定。

1941年，英国军官理查德·拉德福德被纳粹国防军俘虏，最后被关押在战俘集中营里。战争结束后，拉德福德花费很长时间记录下了一个非常有意思的经济现象，这个现象是他亲身经历的，发生在集中营里一直到第二次世界大战结束。

在关押他的集中营里，不同国籍的俘虏住在不同的楼里，楼与楼之间一般可以自由通行。和正式战俘的待遇一样，红十字会（总部设在瑞

士）定期派人前来检查他们的生活状况并送给他们一些包裹。包裹里装有食物、香烟、少量咖啡、茶叶，偶尔还会有些巧克力，等等。

收到红十字会包裹的那一天是战俘们最兴奋的日子。根据拉德福德的回忆，发给每个人的包裹都是一样的。可是每个人的喜好却不同！

一些"精明的"法国战俘最早发现了这个可以赚钱的商机，于是开始在不同国籍的战俘之间从事常规性的商品交易。他们的想法实际上充分利用彼此之间的差异化需求：一般法国人都钟爱咖啡，对茶叶不感兴趣；相反，英国人却嗜茶如命。

每当红十字会派人来分发包裹，狡猾的法国"商人"便会纷纷走到他们的同胞中间，从他们那里"借来"茶叶，并许诺事成之后给他们带回咖啡。于是，他们来到英国战俘的营房，用茶叶交换对方的咖啡，然后带回去分给他们的法国同胞。他们为什么乐意做这个呢？因为他们自己可以扣下一部分"佣金"，比如5%的茶叶或咖啡，作为所提供服务的报酬。

法国"商人"的做法，若用经济学家的语言来表述，可以称为**套利**，即买入的价格比卖出的价格便宜。实质上在这个例子当中，精明的法国人从英国人那里拿到的咖啡要多于还给他们同胞的咖啡，这些咖啡是用"借来"的茶叶作交换最后返还给法国人的——这就好比他们从同胞那里购买的茶叶要比卖给英国人的便宜一些（大约便宜5%）。这样，他们就获得了大约5%的利润（剩余交换价值）。

很显然，从事这个生意的商人越多，他们之间的竞争就越激烈，最后他们的利润率也就越低。你想一想，譬如有一个名叫帕斯卡的人，进入这个"市场"的时间较晚，如果他要说服他的同胞们把茶叶交给他（而不是交给其他"商人"），那么就必须用等量的茶叶去换取比其他"商人"更多的咖啡才行。这就相当于茶叶的"价钱"（用咖啡的克数来计算）卖得更高了，这样他的利润就减少了。

你瞧，拉德福德的集中营和世界各大股票市场一样，中间商之间的竞争缩小了套利的空间。

用来衡量交换价值的香烟

很快，集中营里的交易活动扩展至其他商品。几乎所有的战俘都

参与到这个自发形成的多国市场中来。集中营恶劣的生活条件迫使每一个人倾尽所能、千方百计地从这个市场中获取更多的便利。

随着囚犯之间商业贸易的发展，很快商品的相对价格形成了。起初，每个人通过单独谈判的方式进行交换，譬如有人用一块巧克力换10克咖啡，同时还有人可能用一块巧克力换15克咖啡。没过多长时间，相对价格基本上就在整个集中营里确立下来了。

在这个交换价值的等量关系或相对价格形成的过程中，张贴在大楼入口处的书面通知起到了帮助作用，上面写着这样的售卖公式："出售100克咖啡换10块巧克力"。这样，所有人都知晓了谈判的价格，就像今天的证券交易所一样，我们可以从彭博数据终端的大屏幕上看到所有的股票价格、债券价格等。由于交易的信息是完全透明的，没有人愿意以高于最低成交价的价格购买商品了，因此每件商品的价格在所有大楼里均稳定不变、趋于相同，不管楼里"住户"的国籍与喜好如何。

由于交易的商品种类繁多，所以交易活动也日趋复杂。比如，一个加拿大人要卖100克咖啡来换取10块巧克力，一个法国人想要咖啡可是却没有巧克力，此时他会说："我想买你的咖啡，可是我没有巧克力。不过我有茶叶。我还知道有个住在C5栋的苏格兰人，他用一块巧克力换取15克茶叶。因此，如果我给你150克茶叶，你能否给我100克咖啡呢？"起初，事情也只能照此办理。不过很快地，一场重要的变革出现了：一种**货币单位**建立起来了，它大大简化了商品交易活动。

在集中营里最抢手的商品莫过于香烟了。一方面，吸烟的人可以为了香烟倾其所有，甚至不惜一无所有也要得到它（因为他们对尼古丁上瘾）。另一方面，不吸烟的人的包裹里也有香烟，可以用香烟（对他们来讲毫无情感价值）来换取巧克力或是吸烟者提供的其他东西。因此，虽然香烟仅仅对吸烟者才具有情感价值，但是它却获得了对大家来说相等的交换价值。

香烟作为交换价值、相对价格的计量单位在整个集中营里推广开来只不过是时间问题。一个卖主要卖10克咖啡来换1块巧克力，此时正好有人想买咖啡却没有巧克力，但他们有其他等价的商品，怎么办呢？比方说，想要购买咖啡的人有茶叶，却没有巧克力，可是卖咖啡的人却不想要茶叶。较为简单的解决办法就是使用另外一种商品来折算咖啡的相对价格，即交换价值，而这种商品需要满足以下条件：

耐用，不易腐烂（不能像面包那样容易干瘪变质）；方便携带、不占空间；容易分割，且分割明确；在整个集中营里保持稳定的交换价值（因为集中营里物资较为稀少）。

哪种商品能够满足以上所有的条件呢？当然非香烟莫属了。此外，在全世界的监狱香烟都被公认为是非正式的货币单位，这也绝非偶然。根据拉德福德的叙述，香烟从一种普通的、能够致癌的"商品"一跃成为"特殊的"商品，而且它的交换价值还超过了其情感价值和使用价值。此时，香烟已经具备以下三种经济属性：尼古丁的来源（为吸烟者提供某种情感价值或使用价值，尽管它会对人体健康产生负面的影响）；作为商品交易的媒介物和比较商品价格的计量单位；成为战俘们积累财富的手段。

第三种属性有力地支持了这样一种观点：当一种商品一跃成为货币单位之后，它就会彻底改变经济制度的性质。原因其实很简单。

在一种商品成为货币单位之前，我们的商品交易方式称为**以物易物**：譬如你给我咖啡，我给你茶作为交换。我们在以物易物的情况下，**每次交易买与卖是同时进行的**（双方同时把东西卖给对方）。可是，当一种商品成为货币单位，如同香烟在拉德福德的军营里所起的作用那样，此时交易的情况就与以往不同了。譬如有一个人购买咖啡，他用香烟支付给一个不抽烟的人。当他收到香烟之后不会立即"花掉"。相反，他把香烟储藏起来以便将来购买别的东西或是把它借给其他人来收取利息。对他来讲，香烟是用来储蓄的，就像帮助他积累交换价值的工具一样。

这一点为什么非常重要呢？因为一旦货币在经济关系中出现，就会产生许多新的巨大商机，比如刚才提到的储蓄功能；同时它也会带来不少风险。当一个人获得了储蓄的能力之后，同时他也获得了借贷的能力——这样便产生了债务。至于我们所说的风险，你想象一下战俘的情况就能明白了：他们储藏香烟的目的是为了以后大量购买别的东西（这其实是一种储蓄）。此时，如果红十字会突然给囚犯送来成吨的香烟，那么香烟就失去了原有的交换价值，因为它已不再是什么稀有商品。这样他们的损失也无可挽回了。

你看到了吧，货币的产生一方面有助于商品的交换，而另一方面也需要靠信用来维持，即人们要相信它的交换价值能够保持稳定。怪不得"货币"（νόμισμα）这个单词从希腊语词源上来讲，竟然会与动词"认为"（νομίζω）和名词"法律"（νόμος）具有相同的词

根。因为如果公民们不再**认为**货币的交换价值能够维持下去的话，整个货币体系就会崩塌；而要让公民认为货币能够保持其交换价值，就始终需要**法律**的干预。

货币的交换价值：集中营里的 通货膨胀与通货紧缩

当我还是你这个年纪的时候，有一件事始终搞不明白。当时有人曾告诉我说，一张一千德拉克马的纸币（希腊人在欧元之前所使用的货币名称），它的印刷成本只有二十德拉克马。"既然成本只有二十德拉克马，那它怎么能值一千德拉克马呢？"我疑惑不解。当时我唯一明白的就是：尽管它的印刷成本只有二十德拉克马，可是除了国家以外没有人拥有印刷纸币的权力，这样就可以解释成本只有二十货币单位的东西如何拥有一千货币单位的交换价值了。想要解开这个谜题，还需从货币的交换价值与其情感价值或使用价值的区别，以及国家对货币发行权力的垄断中来寻找答案。

拉德福德观察到的以下现象正好较为深刻地解释了我提出的这个问题：有些时候，红十字会在包裹中放入的香烟较多，而放的巧克力、咖啡和茶叶却较少。于是就发生了这样的情况：每支香烟所能"买到"的咖啡、巧克力、茶叶变少了。其中的道理很简单：由于集中营里咖啡和茶叶所对应的香烟的数量越来越多，所以每支香烟相应代表的咖啡和茶叶的数量就减少了。反之亦然，如果红十字会放入的香烟数量同其他商品相比变少的话，那么每支香烟的交换价值，即它的价格就会越来越高。另外，拉德福德还讲述了一个与之相关的有趣故事：

一天晚上，盟军飞机对集中营所在区域狂轰滥炸。炸弹越来越近，有的甚至还落在集中营里爆炸了。整个夜晚，战俘们个个提心吊胆，不知道自己是否还能活到黎明。谁知第二天，香烟的交换价值如火箭一般飞涨起来！为什么呢？因为在那个漫漫长夜里，战俘们听到外面炸弹爆炸的声音每个人的精神都高度紧张，竟然把香烟一根接一根地快抽光了。早上，香烟的数量同其他商品相比已大幅缩减，导致剩余的每支香烟的交换价值猛增。

简单来讲，飞机轰炸所引起的经济现象就是我们所说的**通货紧**

缩——即单位货币交换价值增加，它是由于货币量与所有其他商品总量的比率减小造成的。反过来，当货币量与所有其他商品总量的比率增大，就会造成单位货币的交换价值减小，此时我们称之为**通货膨胀**。发生通货膨胀的时候，需要用更多的货币来购买商品。换言之，所有商品的价格——按照香烟数量来结算——升高了。反过来，通货紧缩导致所有商品的价格——按照香烟数量来结算——降低了。

利率：集中营里货币的价格

1942年，战争进入僵持阶段，形势难以预料。战俘们前途未卜、惶恐不安，不知还要在此度过多少年才能重返家园，此时集中营里商品的价格（以香烟计算）相对稳定。集中营里建立起来的基本经济制度使得各个成员之间彼此信任。那时候，一些有敏锐经商头脑的人，凭借自己大量积累起来的"财富"，开始充当起银行家的角色。另外，还有人咖啡喝完了却没有足够的香烟去购买。于是，"银行家"就借给他10支香烟，但前提是下一个月收到红十字会包裹的时候必须还给他12支香烟。

换句话讲，这种借贷行为已经超出了朋友的界限，而转变成商业活动。"我现在给你10支烟。这样我的香烟就少了，而且我还冒着再也看不到它们的风险。所以你要支付我报酬：每月20％。"为什么借钱的人会接受这个交易条件呢？因为他宁愿现在得到10支香烟（或与10支香烟相应的商品）下个月减少12支香烟，也不愿意现在连一支香烟都没有下个月却多出12支香烟。

当以香烟来计算的物价出现波动的时候，情况发生了变化。利率也随之波动。"银行家"收取的利息是由什么决定呢？比方说，一个月多出的两支香烟，相当于月借款利率20％，这个利率怎么确定呢？假设说"银行家"要收取50％的利率（也就是下个月要多给5支香烟），那么他那位没有香烟的囚犯朋友会同意吗？

当"银行家"预计下个月送到集中营的香烟数量将会增加，而香烟的交换价值将会减小，那么这个预期会促使他们主动要求提高利率。为什么呢？因为他们害怕下一个月香烟的交换价值会缩水，这样以香烟计价的所有商品的价格就会上升，一个月以后他们的香烟所能换到的咖啡、饼干等商品的数量就会变少，于是就会出现通货膨胀。

正因为如此，他们就更有理由赶紧把他们的香烟变卖换成其他商品（抢在香烟贬值之前）。

尽管存在通货膨胀的预期，"银行家"还是决定先不变卖香烟换取其他商品，而把它借给别的人（一个月后再归还一定数量的香烟），借贷人也同意下个月多给他们一些香烟，利率因此会上升，这样就可以弥补通货膨胀所带来的香烟价值的损失了。

你看，借钱的成本——利率，取决于对物价水平、通货膨胀或通货紧缩的预期。当"银行家"预计每支香烟的交换价值，比如，上涨10%（也就是说将会出现通货膨胀，其他商品的价格若以香烟结算也会上涨10%），利率也会随之提高。正当他愿意借出10支香烟以便一个月之后能够换取12支香烟的时候，他突然意识到这12支香烟一个月后的价值将会低于其预计值，那么他就会要求收取高出12支香烟的利息来交换现在的10支香烟。他会这样估算：既然香烟会贬值10%，那么一个月后按照现在20%的利率，香烟的实际购买力仅仅增加了20%-10%=10%。这样，由于价格上涨的预期因素、通货膨胀的因素，实际的利率从原来的20%下降到了10%。

原先他打算按照一个月后20%增幅的购买价值来借出香烟，可现在由于通货膨胀的预期为10%，所以他就不愿再按照20%的利率借出去了。那么，他可以接受的利率是多少呢？答案是每月30%的利率，因为他很清楚一个月后他从"顾客"手中收取的香烟将会贬值10%。所以只有当月利率等于30%的时候，实际利率才能再次等于20%（30%-10%=20%）。

综上，我们可以得出这样的结论：通货膨胀的时候，利率会趋于上升；通货紧缩的时候，利率会趋于下降。此外，经济危机期间（正如我们今天一样）利率会降至零。但是，你要注意即便那个时候利率为零，实际的利率仍然为正值。譬如当物价下降10%时，此时零利率意味着：借贷人今天借来10支香烟，一个月后他要还给"银行家"10支香烟，可是这10支香烟在一个月之后的交换价值已经高于现在的交换价值了。"银行家"获取的这部分交换价值的增值即为正的**实际利率**，它等于利率与通货膨胀率之间的差额。假设利率为零，通货紧缩率为10%（即通货膨胀率为-10%），那么实际利率就等于10%（0-（-10%）=10%）！

你看到了吧，这就是为什么经济危机期间由于存在通货紧缩，实际利率永远不可能为零。同样，它也可以解释为什么通货紧缩的预期

会造成危机的恶性循环：虽然利率为零，但是由于危机导致了贷款成本增加，所以企业就不愿意再去贷款投资了，这样反而会使危机更加严重、更加持久。

大预测

无论我们对六自然有何看法，有何预期，大自然都会置之不理。例如，天气和其他自然现象的变化完全不以人的意志而转移的。可是与之相反，在经济领域中我们的预期却起着决定性作用。正如我们刚才所看到的，拉德福德的集中营就是一个非常好的例证，它能够充分验证上一章提到的俄狄浦斯效应。

前线传来的消息足以影响集中营的交换经济。战俘们（躲在德军的碉堡后面）用自制的收音机收听广播，当听到德军正向俄罗斯进发的时候，他们据此推断自己还将在集中营待很长时间，此时物价就会趋于稳定。可是，当他们意识到战争快要结束，自己马上就要恢复自由了，交换经济也将不复存在了，此时利率就会狂飙，因为没有人愿意为不确定的未来而投资——即把香烟储蓄起来借给别人。

突然有一天，战火逼近德国边境，红十字会的包裹也中断了。于是，囚犯们把自己存储的香烟全部抽完，同时他们所欠"银行家"的债务一笔勾销（用我们今天的话来说就是债务完全免除），集中营里的交换经济也崩溃了。显然，货币经济如果遭遇恶劣情况或严重的社会动荡是根本无法运作的。哪怕只是崩溃预期便足以使之崩溃。

从香烟到"政治化的"货币：
集中营的经济与货币经济的区别

正如集中营和监狱一样，用某一种物品来充当货币单位，这在人类社会中已经有很长时间的历史了。这种物品必须相对持久耐用，便于储存和携带。它还必须拥有一些"化学"特性使人为之陶醉——譬如黄金，它与其他金属不同，永远不会生锈；香烟，含有令人上瘾的尼古丁。另外，它还必须相对稀缺，除了交换价值之外，还必须具备

重要的情感价值（正如监狱中的香烟或是光彩夺目的黄金）。

在很大程度上能够同时满足以上所有属性的物品就是金属。很快地，最为稀有的金属（比如黄金，甚至还有铁，这些金属刚刚出现的时候都是特别稀缺的）被切割成块，每块重量相等，且通常为圆形（这样触摸起来不会有危险），这些金属就成了货币最早的原材料。其他的金属或金属合金用来充当较为廉价的货币单位。

自古以来，国家和君主都感到有责任保护自己的臣民免受假币的危害。在古希腊，政府会派出正式的检测员到码头和市场上，检测货币的真伪。如果有人贩运假币被抓住，那么等待他的将会是严厉的刑罚（从鞭刑到判处死刑）。可是，防患未然远胜于严刑峻法，所以很快地，货币的发行开始由城邦负责。为了增加铸币难度，防止私人伪造（在钱币合金中掺入较为便宜的金属），铸币机构在钱币上刻印出复杂的图案，这些图案逐渐成为城邦、君王、国家权力的象征。

最终取代金属货币在市场上流通的纸币，最早起源于一种纸制的凭证，用来证明持证人在某家金库中（譬如在街坊珠宝商那里）持有一定数量的黄金或白银货币。如果直接从金库中拿出真金白银然后支付给卖马或工具的人，风险较大，所以就付给他们纸制凭证，有了这个凭证这些人就成了金属货币的所有者——而金属货币依然存放在金库中安然无恙。在这种情况下，使用纸质凭证，即纸币的前身，也会出现一些权威性的问题。

从很早开始，政府就担负起维护货币信用的职责，大力营造信赖货币的社会氛围。在集中营里，货币的稳定价值是自动维持的（因为香烟本来就比较稀缺，所以它的数量和价值一直保持相对稳定）；可在社会中稳定货币价值的职责是由政府承担的。政府运用手中的权力稳定货币，当然作为报偿，它又从国民那里获取税收。因此，货币几乎从它诞生的那一天起就被政治化了，它与债务和税收不可分割地联系在一起。

这一点就是拉德福德集中营里的香烟与最早社会中出现的货币之间的主要区别。我在第一章中讲过，金属货币的出现不是为了促进商品交换（正如拉德福德集中营里的香烟），而是为了记录债务——弱者所欠强者的债务。社会中最强势的人不断攫取他人创造的剩余产品，他们手中所掌握的权力也随之增大，所以他们开始经营货币，并向社会"承诺"维护货币的稳定性，这样做自然可以扩充自己的权力，享受更大份额的公众创造的剩余产品。

拉德福德集中营里的货币与政治无关，而其他所有社会中的货币总是与政治密不可分。为什么呢？因为拉德福德集中营里不存在生产活动，也没有劳动。他们交换的商品都是别人已经生产好的，如同从天上掉下来的馅饼一样，是红十字会赐予他们的礼物。一旦货币与生产结合起来，那么货币就会沦为政治的工具。只有在纯粹的交换经济中，在不生产任何东西的情况下，货币才能扮演一种非政治的"技术性"角色，完全用它来衡量其他商品的相对交换价值。

除了拉德福德集中营以外，你还能想到其他这样的交换经济吗？我给你举一个你们这代人常见的例子：在电子游戏的玩家群中，一些物品（如稀有的盾牌、帽子或宝剑）与拉德福德集中营里香烟的作用一样，可以帮助某一款电子游戏的玩家建立更加广阔的交换经济。

比特币：当代建立非政治货币的一次尝试

现在我要把你带回多年以前。2008年当一场严重的经济危机袭来之时，面对管理国家财富的达官巨富们——私人银行家和政客，西方社会表现出所未有的愤世嫉俗和冷嘲热讽。这场危机最早开始于银行业，之后愈演愈烈，最终席卷全球。它促使很多人梦想去发明一种类似拉德福德集中营的香烟那样的货币——一种去国家化、去政治化、不受世界上强者支配的货币，一种由公民创造并服务于公民的货币，一种不受银行家随意影响而损害使用者利益的货币，一种不能任由国家在幕后操纵的货币，一种不能任由信贷系统的高手肆意破坏的货币。

"可是，如果使用纸币谁来印制呢？" "如果使用金属货币谁来铸币呢？" "如果不让国家来管理，谁又来监管货币的质量和数量呢？"这些难以回答的问题似乎可以交由数字革命，特别是互联网来解答。新的货币将会是数字货币！它不会自然地呈现在我们面前，而只是存在于我们的电脑和手机中。它具有交换价值，却没有任何情感价值或使用价值——这一点与金属货币、香烟，以及可以用来收藏的纸币完全不同。

发明一种新型的、国际化的、不受国家控制的数字货币，这样的梦想从互联网诞生的那一刻起就有了。可是，数字货币的问题是：由于所有的数字"产品"（比如一张照片、一首歌）都是一个数字集合

（或信息集合），只要我们拥有哪怕一个单位的数字货币，通过不断地复制、粘贴，每个人就可以创造无限量的货币。如果我们这样做，谁又来阻止我们呢？这就好似拉德福德集中营里每个战俘都拥有无限量的香烟。香烟的通货膨胀将达到极限，它的交换价值也将趋于零。

2008年11月1日，在经济危机爆发几周以后，一个化名为中本聪（Satoshi Nakamoto）的人，在网上发布了一个帖子，解决了上面的疑难问题。这个人的真实身份无人知晓，他在帖子中详细地阐述了新型**数字货币——比特币**的设想，这种货币建立的基础是一种天才的演算方法（一种计算机程序，类似App）。比特币没有情感价值，只有交换价值，因为没有人可以复制、造假、侵占别的用户的比特币。

在中本聪发明比特币以前，所有的解决方案都需要互联网以外的势力介入，监管数字交易市场，以防止由于不断地"复制、粘贴"而引发的过度通货膨胀。哪些势力介入呢？譬如银行、发行信用卡的公司（如VISA或MASTERCARD）、政府机构等。这种由"中央控制"的数字货币依旧与政治保持着密不可分的联系，而与拉德福德集中营里的香烟完全不同。

中本聪演算法的魅力在于它不需要任何"机构"来监管，既不需要国家，也不需要私人的介入：整个交易市场由使用比特币的用户自己来监管，这就如同集中营里的香烟一样（在那里所有战俘都平等地参与他们的货币——香烟的经营管理）。可是，互联网上的比特币又是如何做到的呢？

每枚比特币从一个人或一个互联网账户转移到另一人或账户中都是"有迹可循"的，所有的比特币用户都可以看到交易的情况。因此，只要愿意，你就可以拥有电子计算机的计算能力，全面查看每一枚比特币的使用情况（以此确保没有人可以随意复制粘贴），这样就真正实现了对新型非政治货币体系的集体化管理。

正如我们经常看到的，成功总是要付出代价的，比特币也不例外。尽管没有人能够干预中本聪的演算程序，可是坏人达到目的的方法可不止一种（如果他要抢夺别人的财富的话）：随着比特币的交换价值不断攀升，一些持有大量比特币的用户开始担心会有黑客侵入他们的电脑，窃取他们的数字货币。于是，一些互联网公司开始提供相应的电子服务来替他们保管比特币（放在他们较为安全的服务器来保管），同时获取一定金额的报酬。可是没过多久，其中有一些公司便携带着数百万的比特币消失得无影无踪。

这个故事很有启发意义。它告诉我们为什么货币只能由国家来监管，因为只有国家才能向你保证：如果有人携款逃跑，那么偷走的钱款必须归还，窃贼必须缉拿归案，受到法律的制裁。也许我们不喜欢，但归根结底，国家仍然是我们能够文明且安全生活的唯一指望。只不过我们需要找到一个可以进行集体监督的力量，防止其蜕变为少数利益的代言人。

建立非政治货币的危险想法

工业革命以后，一批大型的公司集团相继涌现（譬如20世纪初的爱迪生、福特公司，今天的谷歌和苹果公司）。从此，这些企业在市场社会中的兴衰就与迅猛增长的债务联系在了一起。我在第二章中跟你解释过，如果不是银行家伸出长手从未来攫取价值带回现在，并以借债的方式贷款给企业家，那么市场社会财富的"大爆炸"根本无从实现。你看，要建立超级巨头公司（如爱迪生、福特、谷歌、苹果等），就需要从未来借贷大量债务。

如果使用类似拉德福德集中营香烟那套货币体系，想要建立这样的超级大公司无异于天方夜谭。我们说过，集中营里"银行家"借贷出去的东西是本已经属于他们自己的香烟。可是，如果要发展重工业建立生产和运输能源的大型网络，譬如铁路，那么市场中现有的"香烟"——现有的金属货币，即流通中的纸币所包含的交换价值，根本不足以支撑。因此，正如我们前面讨论过的，银行家们想到了一个办法：他们从无中创造出钱来，只需点击一下就把钱打进需要贷款的企业账户里了。这笔钱既不属于他们自己，也不属于别人。我曾用一个形象的比喻给你描述过，这笔钱就像是从未来借的一样。

即便是国家努力稳定货币量，抑制通货膨胀之时（譬如20世纪20年代），银行家还是千方百计地创造出虚拟的资金来满足工业巨头的需要。他们不是从某个人那里借来资金然后贷款给福特先生或爱迪生先生，而是把目前尚不存在的钱转入这几位先生的账户里。这些先生们拿到钱以后，再把它转入供应商和工人的账户里。供应商和工人拿着这些钱去商店购买商品和服务，最后钱又转入了商店的账户里。这样，生产增长了，同样收入也增加了，借贷人获得了银行家从无中创造出的钱（还包括银行家们应该收取的利息）！

如此，现在从未来借取尚未生产的价值然后再进行生产，希望以劳动所得来偿还，当然还包括利息。这种做法的问题我们已经在前面几章中讨论过，在它取得成功的同时也会付出惨痛的代价，因为银行家很有可能会很过分，从未来攫取的价值超过了现在所能生产的价值。这样，危机、不幸、失业就会来临。因此国家试图对银行家的行为加以限制，可是这却并不容易办到，因为银行家通常在选举中都会资助政客，所以他们之间的关系非同一般！

我们回顾一下20世纪20年代发生的情况就会明白：如果当时国家阻止银行从无中创造出新钱来，那么改变世界的工业奇迹将不复存在，市场社会也将陷入停滞。可是另一方面，如果任其发展，不加控制，创造的新钱越来越多，那么在建设工厂和摩天大楼的同时也会带来巨大的经济泡沫。1929年泡沫终于破裂，人类几乎被带入了蛮荒的绝境。几乎同样的一幕又在2008年重新上演了，人类又一次遭受灾难。

现在我们再回过头来谈一谈比特币以及人们创造非政治货币的梦想。比特币的设计思路是通过数字化手段模拟这样的理念，即无论发生什么情况，货币量都应保持稳定（大致就像拉德福德集中营里的香烟数量或全球的黄金储量那样）。可是，假如今天的市场社会采用了比特币，我们会立即陷入20世纪20年代那样进退两难的处境。

一种情况是银行体系会想尽办法创造比现实更多的比特币（譬如通过把钱划入账户，如同20世纪20年代一样；或是利用一些复杂的伎俩，比如20世纪90年代和21世纪初银行家惯用的做法）。另一种情况是企业获取不到足够的资金，这样，我们在第五章《幽灵机器》讲过，市场社会便会陷入停滞。

为什么货币不能脱离政治，它的数量一定要受到政府机构的控制呢？因为只有这样做，我们才有微弱的希望（无法保证）摆脱进退维谷的困境：一方面会出现债务泡沫，社会经济无法健康良性发展；另一方面又会出现通货紧缩和经济危机。对货币的数量及其管理，实施在所难免的政治干预措施，这本身其实就是一种政治行为。因为它会影响社会的不同群体和阶级，而且对他们的影响也不相同。因此，我们唯一的希望就是建立一套大家都可以接受的货币管理办法：**对那些为了社会的利益来管理政治货币的人实行民主监督。**

你还记得吗？在上一章里谈到人类是否能够避免地球的毁灭时，我们也曾得出过类似的结论。其实这一点儿也不意外：民主制度，无

论今天的人们接受与否，它都是人类的唯一希望，不管是在环境保护
方面、生产劳动方面，还是在本章中谈到的货币管理方面。

无形货币、幽灵机器和俄狄浦斯效应的市场

原先的货币，如拉德福德集中营里的香烟或黄金，随着社会的
发展也在不断地进步：起初货币主要具备的是情感价值，可是渐渐地
交换价值占了主导地位。香烟能让人上瘾，能给吸烟者带来奇特的快
感，同时它也会损害身体健康。但是很快地，当香烟变成货币单位之
后，它的交换价值就不再依赖于它给吸烟者带来的不健康的"快感"
了。今天我们使用的货币几乎都没有什么情感价值，因为它越来越趋
向于数字化、无形化，而没有其他用处了。

假如我们的社会犹如拉德福德战俘集中营一般，那么货币的属性
与功能就会类似集中营里的香烟。可是，市场社会与集中营的交换经
济存在根本性的差异。市场社会究竟有哪些东西正好是拉德福德集中
营所缺少的呢？生产以及劳动力市场。换句话讲，缺少的是第六章讲

到的"俄狄浦斯效应的市场",以及第五章讲到的"幽灵机器"。正是由于从根本上缺少生产和劳动力市场这两个东西,所以拉德福德集中营的香烟与当今的欧元、美元、日元才会有天壤之别!这种差异的实质是什么呢?

第一,由于人类劳动的特殊性质(回忆一下第五章),货币在市场社会中永远不可能像拉德福德集中营那样脱离政治。第二,市场社会内部往往潜伏着危机(这一点与拉德福德集中营正好相反,因为在那里危机往往来自外部,譬如炸弹袭击或战争将要结束的消息),这就意味着我们必须集体管理货币,这样做尽管不能彻底根除危机,至少可以在危机过后减轻社会的痛苦。

不论是机器的使用,还是社会剩余价值的分配,抑或是环境保护,解决这些问题的途径更多还是要依靠集体管理和民主监督,而不是依赖技术手段,脱离政治来解决。同样的管理策略也适用于货币:如果我们不凭借集体的力量、政治的手段,本着公众的利益来管理货币,强权者便会乘虚而入,无节制地挥霍它,最终导致危机增大,社会衰退。

小结

当我完成本章写作之时，我询问了一下你的祖父、我的父亲，他在希腊内战（1946—1949）结束前后曾被流放到马克洛尼索斯岛和伊卡利亚岛。于是，我就问他在那里香烟有没有像在拉德福德集中营一样变成货币单位。他回答说：

"没有。我们每个人都彼此分享各自收到的包裹。有一次，虽然我从不抽烟，但是我还是请求姑妈给我寄来香烟。我一收到香烟，就把它分给了抽烟的人——也没有期待别人给我什么东西作为回报。我们就是这样做的，互相帮助。"

我不想在这里唱高调夸大其词了。我只想提醒你：市场交换只不过是社会关系网所依赖的交换形式当中的一种——它并不永远都是最优的，也不是最具魅力的。但有一点可以肯定：它在市场社会中取胜了，创造了大量的财富；同时也创造了难以言表的痛苦，巨大的不公平和破坏性的危机。

红色药丸

《黑客帝国》的故事构成本书第五章的主干。在这部影片的开头，毫无戒备的主人公尼奥见到了被通缉的人类反抗组织头目墨菲斯。墨菲斯残忍地将尼奥置于两难之中让他来做出选择，以下是他们当时的对话。

　　墨菲斯："我能想象得出，此刻的你，感觉有点像爱丽丝坠落到兔洞里梦游到了仙境一般？"

　　尼奥："是的，有点像。"

　　墨菲斯："我能从你的眼睛里看出来。你是那种相信耳听为虚、眼见为实的人，因为你们都在期待有一天能清醒。你相信命运吗，尼奥？"

　　尼奥："不相信。"

　　墨菲斯："为什么不信呢？"

尼奥："因为我不喜欢身不由己的感觉。"

墨菲斯："我明白你的意思。让我来告诉你，你为什么会来到这里。你来这里是因为你领悟了某种东西。某种你无法解释的东西。但是你能感觉到它。这种感觉伴随着你的整个人生。这个世界一定有什么地方不对劲，尽管你说不上来，但它一定存在，这种感觉就像心头的一根刺，让你寝食难安。就是这种感觉，把你带到了我这里。你知道它是什么吗？你想了解一下吗？"

尼奥：……（他肯定地点了点头）

墨菲斯："矩阵无处不在。它就在我们周围，即使是现在，在这个小小的房间里。它蒙蔽你的双眼，让你无法看到真相。"

尼奥："什么真相呢？"

墨菲斯："真相就是，你是个奴隶，尼奥。跟所有人一样。你一生下来就是一个奴隶，被囚禁在一个牢笼里，没有嗅觉，没有味觉，也没有触觉。当一个思想被禁锢的囚犯……很不幸，我不能给你解释真相，你必须自己去发现。可那样为时已晚，因为你再也无法回到安全的囚牢。"

墨菲斯让尼奥看了看他左手拿着的一颗蓝色药丸。

尼奥："如果你吃下蓝色药丸，故事结束，你会在床上醒来，醒来之后，你会相信你愿意相信的一切。"

墨菲斯伸出右手，手掌上放着一颗红色药丸，他看了一下继续说道："如果你吃下红色药丸，你就留在了这个仙境，我会带你去看，爱丽丝看到的那个兔洞究竟有多深。"

尼奥俯身从墨菲斯右手中拿过红色药丸，正要吞入口中，墨菲斯提醒他道："可是你要记住，我告诉你的只有真相，没有别的。"

尼奥伫立了一会儿，然后吞下了红色药丸。他抛弃了矩阵的欺人谎言，告别了隐藏苦涩真相的虚拟现实，选择了一种艰难的生活——危险但又真实的生活。

警惕经济学家及其蓝色药丸

从某种意义上来讲，这本书实际上就是我提供的一颗红色药丸。从第一章开始，我就提出了下面的问题：

"统治者如何维护他们的统治呢？如何在不激怒大多数民众的前

提下，采取对自己有利的方式来分配剩余产品呢？"

答案是："通过培育一种合法化的意识形态，利用它来说服广大民众，告诉他们统治者的统治是天经地义的、理当如此的。"

我还跟你讲过神职人员的功能。他们建立了一套主流意识形态将君主专制合法化，巩固其统治地位，并且说服受剥削的民众，告诉他们：不存在剥削现象，只有受苦受难死后方能升入天堂，觊觎君主的权力是一种犯罪。

在18世纪末**市场社会**出现之前，主流意识形态一直都采取宗教的形式。不平等、专制独裁、统治集团的暴力统统被合法化，而且被认为是一种神的恩典，是一种自然的状态。可是，随着交换价值的胜利，市场社会脱颖而出，主流意识形态也呈现出新的形式，变成了貌似科学的经济学理论。

很长时间以来，经济学教科书、经济学理论的主流形态、报纸的经济专栏、经济评论家纷纷站出来劝说我们：经济问题都是些技术性很强的问题，普通大众很难对此有任何见解（这些问题最好留给银行家、技术人员、专业人士来处理）。所有这些关于经济学的论述不由地让我们想起了《黑客帝国》中墨菲斯向尼奥描述的那样：一个虚拟的现实，一个禁锢我们思想的牢笼，它的目的无非就是要向我们永远隐藏那个苦涩的真相。

什么真相呢？

发明机器本来是为我们服务的，可是现在我们人类却沦为机器的奴隶。

市场本来是为我们服务的，可是现在我们却变成了市场的仆人，甚至沦为冷酷无情的市场的奴隶。

在我们的社会上有很多人就像失去了麦菲斯特的浮士德一样；另外，还有少数人如同弗兰肯斯坦博士，创造出许多怪物，威胁着自己的生命。

我们整日疲于奔波，最后得到的却是些实际上既不想要也不需要的东西，这都是市场营销和广告宣传所建立起的"黑客帝国"成功地入侵我们的头脑所造成的后果。

我们的行为方式如同愚蠢的病毒一般，摧毁着我们的身体和赖以生存的地球。

我们的社会不仅有失公平，而且极端无效地耗尽了我们创造真正财富的能力，最终导致不公平不断加剧。

凡事敢于直面真相、直言真相的人反而受到社会的严厉惩罚，因

为人们不敢运用逻辑思维和批判思维来直面镜子中的自己。

克塞尼亚啊，你会向尼奥那样身处两难的境地，在蓝色药丸和红色药丸之间做出艰难的选择。

如果选择蓝色药丸，你将生活在骗人的谎言之中。和你生活在一起的还有把经济学教科书所讲的内容奉为信条的那些人、"严肃认真"的经济分析师、欧盟委员会、成功的广告营销商等。吃下蓝色药丸，你就不会面对残酷无情的主流意识形态所建立的专制统治了。你的生活没有痛苦了，也不复杂了，而是生活在那些统治者所期待的和谐状态之中。

如果你选择了本书为你提供的思维方式和视角，吞下红色药丸，那么等待你的将是一种艰难的、危险的生活。正如墨菲斯同尼奥所讲的，我唯一可以向你保证的就是真相，再没有别的东西了。

"带等式"的神学

也许很多人会对你说：你的父亲不知所云，经济学、经济理论是一门科学。正如物理学运用数学的方法来系统地研究自然一样，经济学是把数学、统计学、逻辑学的方法结合在一起，对社会经济现象进行**科学**的分析研究。胡说八道！

经济学可能会用到数学模型和统计学的方法，但是它更像是星象学，而不是天文学。在物理学中，大自然充当着公正无私的审判者，对各种物理事件做出评判；可是与物理学相反，经济学却不是这样，因为我们不可能建立一个实验室在里面检验重大的经济事件，譬如2010年希腊经济发展情况如何，希腊民众是否会宣布停止支付债务，不再向债权人贷款了。

由于我们的经济学理论从根本上缺乏实践检验的可能性，所以经济学、经济思想与实证科学不能相提并论。因此，我们的选择不外乎以下两种：经济学家要么把自己装扮成科学家；要么让自己接近于哲学家，不管他们的论证多么合理、明智，都无法说服别人生活的意义究竟为何。

不幸的是，我的绝大部分同事选择了前者，他们都装作是科学家。因此，他们更像是占星师，或是求助于数学的方法来证明上帝的存在的神学家，或是神职人员，给本就生活在压力和恐惧之中的人们

增添无知和迷信。

蓝色药丸的极限

20世纪30年代，英国人类学家埃文斯·普里查德（1902—1973）花费了很长时间来研究一个非洲土著部落——阿赞德人的社会。和他们一起生活的时候，他发现阿赞德人特别重视巫术和神谕，他们经常会跑去巫师那里请求神谕，正如古希腊人一样，从德尔菲请求神谕。

有一个问题让埃文斯·普里查德疑惑不解：既然神职人员、祭司、巫师的预言经常以失败告终，那么巫师们又是如何来维护他们不可动摇的权力，控制部落的广大信众呢？

阿赞德人对巫术、神谕和咒语坚信不疑，而且他们还认为神职人员永远不可能犯错。关于这个现象，埃文斯·普里查德给出了以下解释：

"阿赞德人和我们一样很清楚，神谕预言的失败实际上需要给出某种解释。然而由于完全陷入神秘概念之中，他们必须求助于神秘概念，才能解释神谕预言失败的原因。如果经验与某个神秘概念之间出现了矛盾，他们还会借助于其他与之相近的神秘概念来解释。"

这个解释同样也适用于所谓的"经济科学"！每当（大多数情况下皆如此）经济学家对某一个经济现象预测失败的时候，譬如2008年爆发的一直持续至今的那场经济危机，他们就会求助于相同的神秘概念来解释预测失败的原因。

我给你举一个例子：20世纪80年代失业率普遍上升，这与系统经济学家（如在大银行、国际货币基金组织等部门工作的那些人）的预测正好相悖。于是，否认存在失业的那些人（在前面章节中我们提到过）就发明了一个神秘概念，称之为**自然失业**。他们以为给这种现象起个名字叫"自然失业"，就可以解释失业现象了。

面对市场难以吸收的失业人员，他们这样解释来说服自己：失业现象的存在恰恰证明了我们社会的自由竞争还不够完善，所以我们才会受到失业问题的困扰。想要解决这个问题就需要市场自由化这剂"神药"，通过私有化的方式来解放市场。如果市场自由化的神奇魔法失灵，没有创造出奇迹来（譬如失业率非但没有降低反而升高），他们又会想出下面的歪论：解决问题的秘密在于进一步推进私有化，

进一步降低工资、补贴和退休金。假如这样的"咒语"依然不能奏效，他们就会这样来安慰自己：财政紧缩和私有化政策没有错误，真正应当负责的是工会、最低工资保障、国家失业补贴和社会保险，就是这些"魔法"干扰了"神药"的疗效，使其没有发挥出应有的效果。这些人的伎俩和阿赞德人的巫师如出一辙！

从某种意义上讲，墨菲斯给尼奥的蓝色药丸放在经济学家面前也许会黯然失色，不值一提，因为经济学家所建立的貌似科学的意识形态成功并且有效地隐藏了市场社会运作的真相和秘密。随着交换价值在全球范围内的完全胜利（从土地、劳动力到微生物的遗传基因），经济学家运用他们的理论仿佛织就了一张巨大的"矩阵"来阻止你看到社会的真相。

如果你对真相感兴趣的话，那么红色药丸就是你唯一的希望。

属于我们的红色药丸

不幸的是，现实当中并不存在这样的红色药丸——像尼奥那样用一杯水就可以吞进肚子里。现实存在的只有批判式思维和坚定的立场——从不接受人云亦云，也绝不轻易相信强者、大多数人和"别人"。我写这本书就是试图告诉你如何才能做到把对真理的这份执着与批判式思维结合起来，从而看清楚我们社会的基本现实，不过这现实常常是残酷的。

　　毋庸置疑，如果你选择了可以让你认识到苦涩真相的红色药丸，你一定会经常后悔自己当初为什么没有吞下那颗蓝色药丸。可是，有些时候——当你可以揭露强者的谎言，发现他们的丑恶和无知的时候，你就会明白这其实是对你的一种补偿。